Albert von Kölliker

Zur Geschichte der medizinischen Fakultät an der Universität Würzburg

Rede zur Feier des Stiftungstages der Julius-Maximilians-Universität, gehalten am

2. Januar 1871

Albert von Kölliker

Zur Geschichte der medizinischen Fakultät an der Universität Würzburg
Rede zur Feier des Stiftungstages der Julius-Maximilians-Universität, gehalten am 2. Januar 1871

ISBN/EAN: 9783743490062

Hergestellt in Europa, USA, Kanada, Australien, Japan

Cover: Foto ©ninafisch / pixelio.de

Albert von Kölliker

Zur Geschichte der medizinischen Fakultät an der Universität Würzburg

Zur Geschichte
der
medicinischen Facultät
an der
Universität Würzburg.

Rede
zur
Feier des Stiftungstages der Julius-Maximilians-Universität,

gehalten von

Dr. Albert von Kölliker,
o. ö. Professor der Anatomie, j. Z. Rector,

am 2. Januar 1871.

Würzburg.
Druck der Stahel'schen Buchdruckerei.

Hochgeehrte Versammlung!

Die Geschichte unserer Hochschule, der großartigen Schöpfung des Fürstbischofs **Julius Echter von Mespelbrunn**, deren 289. Jahrestag wir heute feiern, ist schon zu wiederholten Malen an dieser Stelle einer gerechten Würdigung unterstellt worden und der Gegenstand mehr weniger einläßlicher Darstellungen gewesen; nichts bestoweniger hat die Seite derselben, welche nun schon seit mehr als einem Jahrhunderte eine je länger je mehr hervorragende Stellung einnimmt, nämlich die **medicinisch-naturhistorische**, bei diesen Schilderungen annoch keine eingehendere Berücksichtigung gefunden[1]. Und doch spiegelt sich in dem Wirken unserer medicinischen und philosophischen Facultät ein gutes Bild des Lebens der deutschen Universitäten wieder und haben dieselben nach verschiedenen Seiten bahnbrechend in den allgemeinen Entwicklungsgang der Wissenschaften eingegriffen. Wenn ich somit an diesem Ehrentage der Alma Julia Maximilianea, an dem nach alter guter Sitte der Rector vor alle Mitglieder der Universität tritt, wenigstens Einen Theil der Geschichte der genannten Facultäten und zwar denjenigen, der meinen eigenen Bestrebungen am nächsten liegt, vor Ihnen aufzurollen mir erlaube, so glaube ich von vorne herein Ihrer freundlichen Theilnahme sicher sein zu dürfen, muß jedoch zugleich auch um Ihre Nachsicht bitten, wenn es mir nicht gelingen sollte, alle Verhältnisse in ihr gehöriges Licht und den richtigen Zusammenhang zu bringen.

---

[1] In einer vortrefflichen Darstellung der Geschichte der beiden ersten Jahrhunderte unserer Universität (Akad. Monatsschr. 1852 S. 4—22) hat der damalige Rector J. v. Scherer auch die medicinische Facultät in Kürze behandelt.

Es ist allgemein bekannt, wie der Fürstbischof Julius der von ihm gegründeten und im Jahre 1582 inaugurirten Universität Würzburg mit gutem Vorbedachte ein ganz specifisches kirchliches Gepräge und auch, der damaligen Zeitrichtung entsprechend, rein mittelalterliche Formen gab. Nicht nur war die in die Hände der Jesuiten gegebene theologische Facultät die vornehmste und erste, sondern es wurden auch alle Professuren der philosophischen Facultät mit Inbegriff der Mathematik und Physik mit Mitgliedern desselben Ordens besetzt und die Rectoren und die Decane der philosophischen Facultät und hie und da auch die anderer Facultäten dem geistlichen Stande entnommen. Nichts destoweniger wandte der einsichtsvolle und hochbegabte Gründer der Universität, dem das Wohl seiner Unterthanen nach allen Richtungen am Herzen lag, auch der Medicin und der medicinischen Facultät seine ganze Fürsorge zu und bethätigte dieselbe in erster Linie durch die kurz vor der Universität stattgehabte Stiftung des großen nach ihm benannten Hospitales und durch die Verleihung besonderer Statuten an die med. Facultät, die sich wohl unbedingt mit denen jeder anderen Universität derselben Zeit in Vergleichung stellen lassen.

Verfolgen wir die medicinische Facultät im Einzelnen, so finden wir in den im Jahre 1587 derselben gegebenen Statuten[1]) für die damalige Zeit recht einsichtsvolle Vorschriften über die Lehrmethode. Unter dem Titel V „De prælectionibus medicis" werden der Facultät zwei oder höchstens drei Professoren bestellt, von denen der erste die Theorie, der zweite die Praxis vorzutragen habe in der Weise, daß beide Abtheilungen im Zeitraume von 3 Jahren vollständig behandelt werden. Sollte ein dritter Lehrer dazu kommen, so habe derselbe die Chirurgie zu übernehmen und außerdem die Botanik und die Lehre von der Bereitung der einfachen und zusammengesetzten Medicamente. In weiterer Ausführung dieser Vorschriften wird bestimmt, was jeder dieser 3 Lehrer in den verschiedenen Jahren des Triennium zu lesen habe, wobei es von dem Professor Chirurgiæ heißt, er habe im ersten Jahre von den Geschwülsten nach Galen zu handeln, im zweiten von den Geschwüren

---

[1]) Siehe Beilage I.

und Wunden nach Galen und Hippocrates und im dritten nach denselben Autoren von den Verrenkungen und den Brüchen. Da jedoch keiner dieser Gegenstände ein volles Jahr in Anspruch nehme, so werde er im Sommer noch eines der Bücher Galen's von den Kräften der einfachen Medicamente vornehmen, verbunden mit Demonstrationen der Pflanzen, in der hiezu passenderen Winterszeit dagegen Anatomie vortragen und hiebei Galen's Abhandlungen „de administrationibus anatomicis", oder „de usu partium" zu Grunde legen.

Bemerkenswerth sind ferner die unter dem Titel IX „De exercitiis medicis" gegebenen Anordnungen, nach denen in jedem Jahre zwei öffentliche medicinische Disputationen abgehalten werden sollen. Wenn jedoch die Zahl der Mediciner 12 übersteige, so habe wöchentlich eine Disputation stattzufinden. Außer diesen Uebungen sollen auch zu gelegener Zeit anatomische Demonstrationen, botanische Excursionen und Beobachtungen an Mineralien, Thieren und dergleichen stattfinden, sowie der Besuch von Apotheken. Zu Zeiten seien auch die Zuhörer zu den medicinischen Consultationen über Kranke zuzulassen, um in der Erkennung und Behandlung von Krankheiten sich zu üben.

Ueber die Art und Weise, wie diese Verordnungen in der Wirklichkeit ausgeführt wurden, ist nicht nur aus dem 16., sondern auch aus dem ganzen 17. Jahrhunderte äußerst wenig bekannt, so daß es als ganz unmöglich erscheint, ein genaueres Bild der damaligen medicinischen Bestrebungen zu geben. Die hauptsächlichsten Geschichtsquellen für diese Epoche sind: 1) das vom Jahr 1582 an laufende Matrikelbuch der Universität, 2) eine Reihe von 33 medicinischen Dissertationen aus den Jahren 1594—1694, 3) eine geringe Anzahl von Lectionscatalogen, je aus einem Folioblatte bestehend[1]) und die Jahre 1604, 1605, 1608, 1647, 1652, 1665, 1667, 1669 und 1680 umfassend, welche durch die Sorgfalt unseres hochverdienten Herrn Oberbibliothekars Dr. Ruland vom Untergange gerettet wurden, 4) die schriftstellerischen Arbeiten einiger Lehrer der damaligen Zeit, vor Allem die von Posthius, Adrianus

---

[1]) Siehe Beilage II.

Romanus, Athanasius Kircher und Gasparus Schott, 5) endlich einige historische Werke des 18. und 19. Jahrhunderts, vor allem die von Bönicke[1]), Schneidt[2]), Gazen[3]), Gropp[4]), Thomann[5]), Scharold[6]) und Ringelmann[7]). Was aus diesen und einigen andern minder wichtigen Zeugnissen über die genannte Epoche sich ergibt, ist folgendes:

Nach dem Matrikelbuche bestand im Jahre 1582 das Collegium medicum (zu unterscheiden von Facultas s. Senatus Collegii medici [s. die alten Statuten Beil. 1.]) aus 4 Mitgliedern, Joannes Schönlinus, Leibarzt des Fürstbischofs Julius, Guilelmus Opilio, zweiter Leibarzt und Spitalarzt, Joannes Posthius, Leibarzt und Professor, und Joannes Erasmus Floserus, Physicus des Domcapitels, und hatte als Dekan den Canonicus am neuen Münster Dr. med. Jonas Abelwerth. Von diesen Männern ist nur Einer durch literarische Leistungen bekannt, nämlich J. Posthius von Germersheim, der, in Italien und Frankreich gebildet, im Jahre 1569 von dem Bischofe Friedrich von Wirsberg als Leibarzt berufen wurde und 17 Jahre in Würzburg wirkte, von denen jedoch nur 3 der Universität zu Gute kamen. Posthius war ein hervorragender lateinischer Dichter und schrieb eine kleine anatomische Abhandlung von 20 Seiten: „In Realdi Columbi anatomiam

---

[1]) Chr. Bönicke, Grundriß einer Geschichte von der Universität zu Würzburg, Würzburg bei Nitribitt. Erster Theil 1782, zweiter Theil 1788.

[2]) Jos. zur Westen, Sicilimenta quaedam ad historiam Universitatis Wirceburgensis Diss. inaug. Praeside J. M. Schneidt, Wirceb. 1794; Fr. M. de Eckart, Epocha IV. Sicilimentorum ad hist. Univ. Wirceb., Diss. inaug. Praes. J. M. Schneidt 1795; F. P. de Halbritter, Epocha V. Sicilimentorum. Diss. inaug. praeside J. M. Schneidt 1796.

[3]) Cel. Wirceburg. Universitatis Julio-Fridericiano-ducalis annus post saeculum primum quinquagesimus jubilaeus, cujus decisiones etc. discutiendas proponit Max. Barth. Gasen, Stettensis, Wirceb. 1732. (Im Archive des Senats befindlich.)

[4]) Groppius Collectiones novissimae Scriptorum et rerum Wirceb. I—IV. 1741—1750.

[5]) J. N. Thomann, Annales instituti medico-clinici Wirceburg. Vol. I. Wirceb. 1799.

[6]) Dr. J. B. Scharold, Geschichte des gesammten Medicinalwesens des ehemaligen Fürstenthums Würzburg während des Mittelalters und des 16. Jahrh. Würzb. 1824.

[7]) Dr. A. F. Ringelmann, Beitr. z. Geschichte der Universität Würzburg in den letzten 10 Jahren, Würzb. 1835.

Observationes anatomicae"[1]), in welcher manches Beachtenswerthe sich findet[2]. Einen wesentlichen Einfluß auf die medicinische Facultät kann jedoch Posthius nicht gehabt haben, da er schon 1585 nach Heidelberg übersiedelte. Ueberhaupt ist von einer Thätigkeit dieser Facultät vor dem Jahre 1594, in welchem die ersten zwei Dissertationen[3]) vertheidigt wurden, nichts bekannt und scheint das erste Aufblühen derselben von der Berufung von Adrianus Romanus von Löwen her zu datiren, dessen Namen am letzten August 1593 in das Matrikelbuch der Universität eingetragen sich findet.

Dieser für seine Zeit sehr bedeutende Gelehrte[4]), der, nachdem er Wittwer geworden war, vom Bischof Julius eine Canonicuspräbende am Neumünster erhielt, damit er ruhig den Studien obliegen könne, war zwar keineswegs ausschließlich Mediciner, vielmehr müssen Mathematik und Astronomie als seine Hauptfächer betrachtet werden, neben denen er noch Geographie, Sprachen, Anatomie, Physiologie, Medicin, Chirurgie und Botanik trieb, nichts destoweniger scheint sein Wirken an der medicinischen Facultät ein sehr eingreifendes gewesen sein, wie aus den vielen (14) unter seinem Präsidium vertheidigten Dissertationen hervorgeht, die fast alle Gebiete der Medicin umfassen. Die anatomischen unter denselben beziehen sich auf die menschliche Osteologie, die Anatomie des Gehirns, der Brust und des Abdomens, die physiologischen auf die Gewebe (partes similares), die Säfte, die Samenflüssig-

---

[1]) In den Frankfurter Ausgaben von 1590 und 1593 der Libri XV de re anatomica des Realdus Columbus als Anhang enthalten.
[2]) M. vergl. A. v. Haller's Bibl. anat. I. pag. 267. Ich erwähne die Beschreibung der Valvula coli von Banhinus und die Schilderung der Spulmuskeln der Hand, von denen P. sagt: „Mittunt tendines suos in tertium digitorum articulum et digitos (quod mirum est, cum in vola manus orientur) extendere dicuntur." Posthius war ein Schüler von W. Rondelet in Montpellier.
[3]) a) Paulus Stromaier, Ingolstadiensis, de Humoribus, praeside A. Romano, Wirceb. 1594.
b) Henningus Schennemann, Halberstadiensis, de elementis, praeside A. Romano, Wirceb. 1594.
[4]) Siehe die sehr vollständige monographische Arbeit unseres Herrn Oberbibliothekars Dr. Roland: „Adrien Romanus, premier Professeur à la faculté de médécine de Würzbourg, Bruxelles 1867.

keit, den Puls. Die anatomischen Abhandlungen sind, wie auf dem Titel einer derselben zu lesen ist, vor Allem nach den Vorträgen des Lehrers zusammengestellt und nach Art von Compendien behandelt, so daß, wenn auch noch eine Lehre von den Muskeln und den peripheren Nerven und Gefäßen da wäre, eine vollständige kurze Anatomie von Romanus vorläge. Wesentlich Neues enthalten übrigens diese Arbeiten nicht, doch geben dieselben eine gute Zusammenstellung der damaligen Kenntnisse, unter steter Berücksichtigung dessen, was die Alten und die Araber wußten, nach den Angaben der großen Anatomen des 16. Jahrhunderts, von denen Vesal, Eustachi, Fallopia u. A. namentlich erwähnt werden. — Wie und wo damals in Würzburg anatomische Kenntnisse erworben wurden, ist nicht mit Bestimmtheit zu ersehen, doch lehrt ein Passus in der Dissertation über die Anatomie des Abdomens, wo es heißt: „Cadaver hominis collocatur in scamno volubili (ein drehbarer Sectionstisch!) medio theatro", so wie der Umstand, daß in den Abhandlungen über den Bau des Gehirns, der Brust und des Abdomens genaue Anleitungen zum kunstgerechten Zergliedern der Theile (Administrationes) gegeben sind, daß schon in den ersten Zeiten des Bestehens der Würzburger medicinischen Facultät Zergliederungen von menschlichen Leichen vorgenommen wurden. — Abgesehen von diesen Anleitungen, bei denen übrigens die Administrationes von Vesal als Muster dienten, verdient Beachtung, daß die Schüler von Romanus in ihren Beschreibungen auch topographisch-anatomisch zu Werke gingen und Theil um Theil, Lage um Lage von außen nach innen beschreiben, wie dies allerdings den Bedürfnissen der Aerzte am besten entspricht, aber in dieser frühen Zeit doch nicht allgemein in den anatomischen Hauptwerken zu finden ist. — Die physiologischen unter dem Präsidium von Romanus vertheidigten Dissertationen lassen kaum einen selbstständigen Zug erkennen und geben einfach das damals Bekannte wieder.

Obschon Romanus ab und zu bis zum Jahre 1609 in Würzburg war, so findet sich doch nach dem Jahre 1603, in dem er noch als Professor in dem nur fragmentarisch erhaltenen Verzeichnisse steht, keine Spur einer akademischen Thätigkeit desselben, auch haben die Cataloge von 1604, 1605 und 1608 seinen Namen nicht mehr, und folgt nun, nachdem durch ihn die anatomiſch-phyſiologiſche und auch die practiſche Seite der Medicin ſicherlich nicht ohne einen gewiſſen Erfolg inaugurirt worden war, eine lange Zeit des Stillſtandes und ſelbſt des Rückſchrittes, in welcher nur wenige Lichtpunkte zu erkennen ſind. Einem guten Theile nach wurde allerdings der Verfall der mediciniſchen Facultät und z. Th. ſelbſt der Univerſität überhaupt durch die politiſchen Wirren und Kriege des 17. Jahrhunderts verurſacht, die Würzburg beſonders ſchwer betrafen, indem das Land von 1631—1634 in den Händen der Schweden war, die die Stadt plünderten, die Profeſſoren zum Auszuge nöthigten und die Bibliothek des Biſchofs Julius[1]) ihrer werthvollſten Bücherſchätze beraubten, die Guſtav Adolf ſeiner Hochſchule Upſala einverleibte; auf der andern Seite iſt aber auch nicht zu läugnen, daß die Univerſität in ihrer ganzen Anlage und Organiſation Keime in ſich trug, die trotz des wiederholt bethätigten energiſchen Eingreifens einſichtsvoller Fürſten die mediciniſche und philoſophiſche Facultät nicht recht zur Entfaltung kommen ließen. Bei der mediciniſchen Facultät war das ſtarre Feſthalten an den Alten, beſ. Galen und Hippokrates und den Arabern, deren Werke während des ganzen 17. Jahrhunderts die Hauptgrundlage der Vorleſungen bildeten, das Haupthinderniß des Fortſchrittes, außerdem ſpielten aber auch die geringe naturhiſtoriſche Bildung der Lehrer, ihre ökonomiſch ſchlechte Stellung und der Aberglaube und die Vorurtheile des Volkes im Allgemeinen eine Hauptrolle. Und was die philoſophiſche Facultät anlangt, ſo konnten leichtbegreiflich die Mathematik und Phyſik, gewiſſe rühmliche Ausnahmen abgerechnet, in den Händen von Männern, die dieſe Fächer nur als Nebenaufgabe zu behandeln hatten, auch keine größeren Fortſchritte machen, um ſo mehr, als die betreffenden Lehrer nie längere Zeit an der Hochſchule blieben, ſondern ohne Ausnahme nach wenigen Jahren verſetzt wurden oder andere Fächer übernehmen mußten.

---

[1]) Nach einer Mittheilung des Herrn Oberbibliothekars Dr. Ruland iſt es nicht erweisbar, daß, wie allgemein angenommen wird, die Schweden die Univerſitätsbibliothek oder irgend eine andere Bibliothek der Stadt wegführten und iſt überhaupt nicht einmal feſtgeſtellt, daß die Univerſität damals eine Bibliothek hatte; wohl aber iſt richtig, daß die Bibliothek des Julius von dem Schloſſe Marienberg weggenommen wurde.

Gehen wir nun näher auf das 17. Jahrhundert ein, so finden wir, daß, von A. Romanus abgesehen, die medicinische Facultät im Ganzen nicht Einen in der Literatur bekannten Gelehrten aufzuweisen hat. Dem entsprechend weist auch das Matrikelbuch eine unglaublich geringe Zahl von Medicinern auf, in manchen Jahren gar keinen, in andern nur Einen oder zwei und nie mehr als vier, womit die Zahl der Doctorpromotionen in vollem Einklange ist, indem von 1608—1694 nur 19 derselben durch Dissertationen sich belegen lassen (Beil. III). Der Werth dieser Arbeiten, die sich alle auf practische Medizin beziehen, ist übrigens fast ohne Ausnahme ein ganz minimaler und findet sich nicht in einer einzigen derselben eine wirkliche Beobachtung oder sonst etwas Originelles, es sei denn einige therapeutische Formeln. Die gänzliche Vernachläßigung der Anatomie und Physiologie, die aus diesen Dissertationen hervorgeht, ist um so auffallender, wenn man sich erinnert, daß zur Zeit des A. Romanus die Verhältnisse doch andere waren, und ferner bedenkt, welche Unzahl erfahrener Anatomen und Physiologen das 16. und 17. Jahrhundert in Italien, Frankreich, England, der Schweiz, Holland und auch in Deutschland aufweist, so daß gerade im 17. Jahrhunderte an vielen deutschen Universitäten und z. Th. nahe gelegenen, wie vor Allem in Altorf, Wittenberg, Helmstädt, Heidelberg, Tübingen, Basel, Straßburg, Jena, Erfurt, Leipzig u. A. eine Menge wichtiger anatomischer Abhandlungen zu Tage gefördert wurden. Die einzigen Spuren von Leistungen im anatomischen Gebiete, die ich in der angegebenen Epoche bei uns habe auffinden können, sind so wenig sagend, daß ich fast anstehe, dieselben mitzutheilen. In den allerdings nur sehr mangelhaft erhaltenen Lectionsverzeichnissen findet sich erst im Jahre 1680 bei Hieronymus Conrad Birbaum ab Hartung angegeben: „Publico in anatomicis myologiam i. e. musculorum doctrinam declarabit" und ferner „Privatim Collegium petentibus aperiet anatomicum practicum". Dann ist auf einer Dissertation von J. Werner aus dem Jahre 1691 Philipp Wilhelm Birbaum ab Hartung als Anatomiae, Chirurgiae et Botanices Professor bezeichnet. Endlich findet sich auf den Dissertationen von 1675 an angegeben, daß die Promotionen stattfinden „in anatomiae auditorio medico" oder „in publico medicorum theatro", „in consueto medicorum auditorio", woraus sich jedenfalls auf das Vorhandensein eines anatomischen Hörsaales, vielleicht auch eines Raumes für Sectionen und Demonstrationen an Leichen ein Schluß ableiten läßt. Auf keinen Fall aber können solche Zergliederungen etwas Häufiges gewesen sein, da im Jahre 1661 Dr. J. J. Becher aus Würzburg fliehen mußte, weil er eine Leiche zergliedert hatte [1]).

Ueber Leistungen in der Physiologie ist aus dieser Zeit noch weniger bekannt als mit Bezug auf die Anatomie. Doch findet sich im Jahre 1665 eine Vorlesung von Wolfgang Upilio „de natura humana" und eine andere von Adam Stör „de Physiologia". — Rem horbariam las 1608 Wendelin Jung; in späteren Zeiten finde ich die Botanik nicht mehr erwähnt.

Wenden wir uns von diesen wenig erfreulichen Thatsachen zur philosophischen Facultät d. h. dem hier vertretenen Theile der Naturwissenschaften, so finden wir zwar ebenfalls keine durchgreifenden Leistungen, immerhin treten uns doch in Athanasius Kircher und Caspar Schott zwei Namen von gutem Klange entgegen. Kircher, von Geysa bei Fulba gebürtig, der neben Mathematik und Physik auch Moral, Hebräisch und Syrisch docirte, war ein Mann von umfassendem Wissen, der in seinen Schriften selbst anatomisch-physiologische und zoologische Themata besprach[2]), und hätten, trotz mancherlei mystischen Beigaben, seine Lehren doch wohl einen bedeutenden Einfluß auf die Entwickelung der exacten Wissenschaften an unserer Universität genommen, wenn er länger an derselben gewirkt hätte. Im Jahre 1629

---

[1]) „Zu Würzburg ist ihm die Stadt deswegen feind worden, dass er, permissu Superiorum, ein justificirtes Weib anatomiret, sogar, dass sie noch nicht ehe nachgelassen, bis sie ihn von dar vertrieben, wie er ebenfalls erzehlet in seinem Methodo didactica p. m. 51." Siehe Leben des Röm. Kais. Kammerrathes J. J. Becher in Hist. Schmpl. vornehm. u. berühmt. Staats- und Rechtsgel. Frftr. 1710 S. 194. — Haller nennt B. „Chemicus et anatomus minus peritus" (Bibl. anat. I. pg. 517); vergl. auch Kopp Geschichte der Chemie I. S. 146 flg. — Uebrigens wurden schon im Jahr 1564 in Würzburg zwei plötzlich verstorbene Diener des Bischofs secirt (Scharold l. c. S. 82).

[2]) S. Haller's Bibl. anat. I. pag. 424.

wurde Kircher, erst 28 Jahre alt, nach Würzburg berufen, veröffentlichte jedoch nur die erste seiner zahlreichen Schriften[1]) daselbst und hatte kaum seine academische Thätigkeit begonnen, als er 1631, vor den Schweden sich flüchtend, nach Avignon und später nach Rom ging, von wo er nicht mehr in sein Vaterland zurückkehrte. Unter diesen Verhältnissen ist sein Hauptverdienst um Würzburg wohl das, daß er der Lehrer von C. Schott von Königshofen im Grabfelde war, der gleichzeitig mit ihm Würzburg verließ, dann eine Zeitlang in Palermo Professor war, später gemeinschaftlich mit Kircher in Rom mathematisch-physikalischen Studien oblag[2]) und 1656 oder 1657 nach Würzburg zurückkehrte, wo er dann bis zu seinem Tode im Jahre 1666 als Professor der Mathematik thätig war. Ueber Schott's Einfluß und seine Erfolge haben wir nur ganz allgemein gehaltene Nachrichten[3]), ist es jedoch erlaubt, aus der ganz erstaunlichen literarischen Thätigkeit dieses Geistlichen[4]), die das ganze Gebiet der Mathematik und Physik umfaßte und auch oft die Lehre von den belebten Organismen berührte[5]), und aus der Bedeutung seiner Arbeiten einen Schluß abzuleiten, so müssen dieselben sicher ganz erhebliche gewesen sein. Von besonderem Interesse für den Mediciner ist, daß C. Schott wohl der erste Experimentator an lebenden Thieren an unserer Universität war. In seiner Technica curiosa (Norimbergae 1664) theilt er am Schlusse der Capitel, die von der Luftpumpe handeln, mit deren Verbesserung er lebhaft beschäftigt war, und welche interessante Briefe von Otto Gericke an ihn enthalten, eine Reihe von Versuchen an Insecten, Vögeln und Mäusen mit, die er in den luftverdünnten Raum gebracht hatte, und be-

---

[1]) Ars magnesia, s. conclusiones experimentales de effectibus magnetis. Herbip. 1631. 4°.
[2]) Fasciculi Epistolarum Kircheri, Aug. Vindel. 1684 pag. 31, 55.
[3]) S. Gasen l. a. c. pag. 244.
[4]) Von C. Schott erschienen in Würzburg und Nürnberg in dem Zeitraume von 1657—1668 nicht weniger als 10 meist umfangreiche Werke (S. Notice raisonnée sur les ouvrages de G. Schott, Jesuite, par Mr. l'Abbé M..., Paris 1785.)
[5]) Schott, den auch Haller erwähnenswerth hält (Bibl. anat. I. pg. 526), giebt in seiner Physica curiosa, Herbipoli ap. Job. Hertz 1662, eine Geschichte der Monstra und manche zoologische Notizen.

schreibt die beim Tode derselben eintretenden Erscheinungen¹). Ferner machte Schott wenige Jahre nach den Versuchen von Christopher Wren, des Gründers der Londoner k. Gesellschaft der Wissenschaften, über Infusion von Medicamenten in die Adern lebender Thiere (1657), ähnliche Experimente, indem er bei einem Hunde durch Einspritzen eines Purgans in die Venen dieselben Wirkungen erzielte, wie vom Magen aus, und ein zweites Thier durch Injection von Wein (Vinum hispanicum) ins Blut berauschte²).

Von Leistungen des 17. Jahrhunderts im naturhistorischen Gebiete möchte außerdem noch zu erwähnen sein, daß im Jahre 1695 Gottfried von Guttenberg den Garten des Juliusspitales zu einem botanischen Garten umschuf und die Leitung desselben dem Prof. der Medicin Adam Beringer übertrug.

Das achtzehnte Jahrhundert characterisirt sich in seiner ersten Hälfte durch eine Reihe von vielversprechenden Aenderungen in der Organisation der Gesammtuniversität und der Facultäten, so wie durch die Errichtung und Verbesserung sehr wichtiger Anstalten zur Förderung des Studiums, an denen fast alle Fürstbischöfe dieser Zeit ihren Antheil nahmen.

J. Philipp von Greiffenklau (1699—1719) eröffnet den Reigen mit Zusätzen zu den med. Facultätsstatuten³), in denen namentlich ein geordnetes wissenschaftliches Studium anbefohlen und aller Pfuscherei entgegengetreten wird. Außerdem finden sich freilich auch mit Bezug auf die Examina, Disputationen, Promotionen u. s. f. Vorschriften solcher Art gegeben, daß wir nicht ohne Erstaunen auf das Spiel mit Formen und Nebensächlichem zurückblicken, in dem sich die damalige Zeit gefiel. Ungleich eingreifender war, daß derselbe Fürst statt des abgebrannten sogenannten mittleren Flügels des Juliusspitales einen prächtigen neuen Bau, den jetzigen hinteren Flügel aufführen ließ und überhaupt im Spitale mannigfache Verbesserungen vornahm⁴),

---

¹) l. c. 2. Ausgabe 1687 pag. 174—176 Lib. II. Exp. XL. und XLI.
²) l. c. pag. 891 Lib. XL. Cap. XXI.
³) Diese Zusätze finden sich in Handschrift als Beigabe zu den alten Statuten der med. Facultät (Beilage I), welche im Archive der medicinischen Facultät aufbewahrt sind.
⁴) Thomann l. a. a. l. pg. XVI.

sowie ferner, daß er seine Privatbibliothek der Universität schenkte, wodurch, so wie durch eine ähnliche Donation seines zweitnächsten Nachfolgers Christoph Franz von Hutten (1724—1729), der Grund zu unserer jetzigen Anstalt gelegt wurde.

Der Nachfolger Greiffenklau's, Philipp Franz von Schönborn (1719—1724), wandte vor Allem dem botanischen Garten seine Sorgfalt zu, so daß derselbe bald fast 6000 seltene und nützliche Pflanzen aufwies[1]), auch faßte derselbe zuerst den Entschluß der Errichtung eines anatomischen Theaters, vor dessen voller Verwirklichung ihn jedoch der Tod ereilte, so daß es das Verdienst von Christoph Franz von Hutten (1724—1729) ist, diesen Bau mit einem Kostenaufwande von 10000 fl. vollendet zu haben. Dieses erste anatomische Theater in Würzburg war übrigens nicht ein Neubau, sondern ein Gartenhaus des Juliusspitales, das schon Philipp v. Greiffenklau hatte aufführen lassen, dessen Wappen auch über dem Eingange zu ersehen ist. Dasselbe bestand in der damaligen Zeit nur aus der vorderen Abtheilung des jetzigen Gebäudes und enthielt in der Mitte ein geräumiges anatomisches Amphitheater mit einer Kuppel und theilweisem Oberlichte, hinter welchem die Todtenkammer sich befand. Auf der einen Seite des Hörsaales (gegen das Spital zu) waren zwei kleinere Säle zum Präpariren und für die Sammlung bestimmt, während auf der anderen Seite, ganz abgeschlossen von den andern Theilen, ein Wassertreibwerk für den Garten, das Spital und die Anatomie seine Lage hatte[2]). Für diese Anstalt hatte schon Ph. Franz v. Schönborn einen besonderen Lehrer der Anatomie in dem Professor Chirurgiae aufgestellt und Chr. Franz v. Hutten vervollständigte die Lehrkräfte dadurch, daß er einen neugeschaffenen Oberchirurgen des Spitals, der nicht Professor war, zum Director und Demonstrator Anatomiae machte[3]) und ihm die practischen anatomischen Leistungen übertrug, während der Professor Chirurgiae et Anatomiae die Vorträge zu halten hatte (Beil. IV).

---

[1]) Die Professoren Beringer und Dettum gaben 1721 ein Verzeichniß desselben im Drucke heraus.
[2]) S. Gropp l. a. c. II. S. 191 und 685.
[3]) J. B. v. Siebold Gesch. des chir. Clinicums am Juliusspitale Würzburg 1814. pg. 8.

Was so durch zwei Regenten glücklich ins Leben gerufen worden war, suchte ihr Nachfolger Friedrich Carl v. Schönborn (1729—1746) während der 17 Jahre seiner Regierung in jeder Weise zu unterstützen und zugleich trat dieser Fürst auch als Reorganisator der ganzen Universität auf, indem er derselben schon am 4. Nov. 1731 verbesserte Statuten gab, die jedoch nie veröffentlicht wurden [1]. Drei Jahre später wurden dann diese Vorschriften nochmals vermehrt und verbessert, am 21. Juli 1734 wirklich promulgirt [2]) und 1743 auch im Drucke bekannt gemacht [3]).

In diesen beiden Verordnungen werden die Professoren der Medicin angewiesen, ihre Schüler nachdrücklich zu ermahnen, die Bequemlichkeiten, welche durch kostbare Einrichtung des Horti botanici, Theatri et exercitii anatomici, Bibliothecae publicae und sonsten ihnen und Andern zu ihrem großen Vortheil verschafft worden und welche annebens die vielen hiesigen Krankenhäuser und Spitäler ihnen an die Hand geben, wohl zu benutzen. Ferner wird, da das Exercitium anatomicum unumgänglich erforderlich sei, weiter verordnet, es sollen zum wenigsten alle 4 Wochen öffentliche Demonstrationes anatomicae und in denen dazu meistens bequemen Monaten derenselben 4 in Gegenwart sämmtlicher Professoren feyerlich gehalten werden, also daß wenn nicht ein ganzer Körper, jedoch ein und anderer Theil davon vorgenommen und von der Splanchnologia, Myologia, Neurologia etc., so viel thunlich ist, gelehret, vermittelst deren Sceletorum die Osteologie gegeben, die Verbindungen und Operationes gezeiget und andere Exercitia chyrurgica gepflogen; ingleichen corpora belluina et insecta zergliedert und anatomiret werden. Endlich wird in Betreff des Barbierermeisterstücks befohlen, es solle statt des schlechten Pflastersiedens und dergleichen denselben hinführo Praeparationes et Demonstrationes anatomicas auch Operationes öffentlich zu machen aufgegeben werden.

Außer durch diese speciell die Anatomie betreffenden Verordnungen machte sich Friedrich Carl v. Schönborn auch noch durch die Gründung eines

---

[1] S. Schneidt l. c. II. pg. 99.
[2] S. Schneidt l. c. III. pg. 169.
[3] Verordnung und verbess. Einrichtung der Würzburgischen Universität, Würzburg 1743 bei J. Chr. Meyer.

klinischen Unterrichtes im Spitale hochverdient, sowie durch die Anordnung von Demonstrationes botanicae, die vom halben Mai bis Ende August wöchentlich wenigstens 3 mal stattfinden, und von Laborationes chymicae, die den Studenten ebenfalls nach Nothdurft gezeiget werden sollen. Auch vergrößerte er 1744 den botanischen Garten, richtete 1745 die anatomische Anstalt zweckmäßiger ein[1]) und gründete schon 1739 eine Hebammenschule.

Von den letzten Fürstbischöfen der ersten Hälfte des 18. Jahrhunderts, Anselm Franz Graf von Ingelheim (1746—1749) und Carl Philipp von Greiffenklau (1749—1755), gab der letztere im Jahr 1749 neue Ordinationes für die Universität[2]), die diejenigen von Friedrich Carl v. Schönborn in manchem erweitern (Beil. V). Für die medicinische Facultät werden 5 Professoren bestimmt, für Theorie, Anatomie und Chirurgie, Botanik, Praxis und Chemie. Der Professor der Theorie hat als Fach, das zum ersten Male genannt wird, die Geschichte der Medicin und die Institutionen, sowie die allgemeinen Grundsätze der Anatomie vorzutragen. Ferner solle der Professor der Chemie in dem zur Juliusspitälischen Apotheke gehörenden Laboratorium chemische Versuche anstellen und die Zuhörer wöchentlich in die eine oder andere Apotheke führen. Dem Oberchirurgen des Spitals und Demonstrator der Anatomie, der auch Hebammenlehrer war, werden die Vorlesungen über Geburtshilfe übertragen und in der philosophischen Facultät eine neue Professur der Experimentalphysik und im Universitätsgebäude ein eigenes physicalisches Cabinett gegründet[3]). —

Fragen wir nun, ob diese zahlreichen und einem großen Theile nach zweckmäßigen neuen Einrichtungen auch von einem entsprechenden Erfolge begleitet gewesen seien, so müssen wir leider bekennen, daß dem nicht so war

---

[1]) S. Idea Stadii Medici, quam designat et exhibet, Collegia insuper et lectiones suas de chymia et materia medica inuincat Joannes Valentinus Scheidler, Phil. et Med. Dr. Praesidii militaris medicus. 4°. Ein bei den Senatoren befindliches Programm ohne Jahrzahl, aus dem in Thomann l. a. c. die die Klinik und Anatomie betreffenden Stellen mitgetheilt sind.
[2]) S. b. Bünicke l. a. c. pg. 120, 130, 135. (Das Original ist im Archive der Universität.)
[3]) S. Bünicke S. 121.

und daß auch die ganze erste Hälfte des vorigen Jahrhunderts im Gebiete der Medicin und der Naturwissenschaften des Rühmlichen nicht gerade viel aufzuweisen hat. Durchgehen wir die Reihe der Lehrer der medicinischen Facultät, prüfen wir ihre wissenschaftlichen Arbeiten und die unter ihrer Leitung veröffentlichten Dissertationen, von denen übrigens nur Eine bis zwei auf je Ein Jahr kommen, so finden wir nicht Einen Namen und keine Leistung, die in der Geschichte der Wissenschaft als von Bedeutung Platz gefunden hätte. Woher dieser Mangel an Kräften rührte, vermögen wir jetzt nicht mehr mit voller Bestimmtheit zu ergründen, doch ist unzweifelhaft, daß neben den oben beim 17. Jahrhunderte schon namhaft gemachten Momenten, die Ueberbürdung der Professoren mit Lehrfächern und der häufige Wechsel dieser viel dazu beitrug, hervorragende Leistungen unmöglich zu machen. So war der Professor der Anatomie auch zugleich Lehrer der Botanik, wie Beringer und Orth, oder der Chirurgie wie Bauermüller und Hueber, der Lehrer der practischen Medicin auch Professor der Chemie. Beringer las erst Botanik und Anatomie, später allgemeine und specielle Therapie und Chemie. Außer diesen Verhältnissen mag noch Anderes eingewirkt haben, mit Bezug worauf wir den Schleier nicht weiter lüften wollen, auf jeden Fall aber ist so viel sicher, daß das Ungenügende des vorhandenen Lehrkörpers schon damals zum vollen Bewußtsein gekommen war, sonst hätte der um die Universität hochverdiente Friedrich Carl von Schönborn (1729—1746) zu einer Zeit, wo in Würzburg ein Nichtkatholik nicht einmal den Doctorgrad erwerben konnte[1]), kaum den Versuch gemacht, einen protestantischen Lehrer an die Universität und die Klinik zu ziehen, wie dieß bei dem Rufe der Fall war, den er an den berühmten Anatomen und Chirurgen Lorenz Heister in Helmstädt erließ. Leider gelang es zum großen Schaden der Universität nicht, den Begründer der deutschen Chirurgie zu gewinnen, obschon demselben der für die damalige Zeit ganz außerordentliche Gehalt von 1000 Thlr. geboten wurde, nebst Naturalbezügen in Wein und Getreide, freier Religionsübung und dem Titel eines Hofrathes und Leibarztes.

---

[1]) Erst vom Jahre 1776 an konnten Protestanten in Würzburg in der Medicin graduiren.

Wenn auch im Vorigen offen zugestanden wurde, daß die erste Hälfte des vorigen Jahrhunderts für unsere medicinische Facultät keine Zeit der Blüthe war, so wäre es doch Unrecht, eine Reihe immerhin anerkennenswerther Leistungen zu übergehen. Von den Lehrern und sonstigen Universitätsangehörigen nenne ich: 1) Jos. Barthol. Adam Beringer, Professor von 1695?, bis 1736, den übelberathenen Verfasser der Lithographiа wirceburgensis, der die Kissinger Heilquellen untersuchte, in der Botanik vielbewandert war und überhaupt der Naturgeschichte Frankens große Aufmerksamkeit zuwandte; 2) J. Simon Bauermüller, den G. E. Stahl unter seine ersten Schüler zählte und der mehrere physiologische und anatomische Schriften veröffentlichte[1]); 3) Sebastian Ettleber von Würzburg, dessen früher Tod, nach nur dreijährigem Wirken an der Universität manche Hoffnungen zerstörte[2]), 4) Frbr. J. Overcamp, der, nachdem er 6 Jahre in Würzburg gelehrt hatte, nach Heidelberg übersiedelte[3]), endlich Jos. Onymus von Würzburg, der auf Kosten der Universität 1739 nach Paris und Leyden ging, um sich zum Lehrer der Medicin auszubilden und in Leyden eine gute Dissertation schrieb[4]), dann aber als Leibarzt des Erbstatthalters von Holland an de Haen's Stelle kam. Auch der erste Professor der Experimentalphysik Pater Blasius Henner verdient hier Erwähnung, der mehrere physicalische Werke veröffentlichte und das physic. Cabinett einrichtete. — Außerdem zeugen auch eine ziemliche Zahl anatomischer, physiologischer, botanischer und practisch medicinischer Dissertationen dafür, daß wenigstens das Bestreben vorhanden war, mit den Fortschritten der Wissenschaft Schritt zu halten, wenn auch die große Mehrzahl dieser Arbeiten nur als Compilationen von Werth sind[5]).

---

[1]) S. Haller Bibl. anat. II. p. 108.
[2]) Bönicke l. c. pg. 103.
[3]) Haller l. c. II. pg. 297.
[4]) De naturali foetus in utero materno situ. Leyd. 1743, in welcher die alte Lehre von der Umwendung des Fötus im 7. Monate bekämpft wird.
[5]) Ich führe folgende Dissertationen an: 1) J. G. Hoffmann von Schönfeld, de anatomiae cereae utilitate 1743. Beschreibt eine neue Methode, anatomische Theile nach Gypsformen in Wachs nachzugießen, nachdem schon vor ihm die Kunst aufgetaucht war, solche Theile aus Wachs nachzu-

Was die Vorlesungen und Universitätsinstitute anlangt, so treten in diesem Jahrhunderte zuerst Vorträge über Chemie auf, die im Jahre 1714 bei A. Beringer erwähnt werden, aber noch nicht regelmäßig fortgesetzt worden zu sein scheinen, indem die Cataloge von 1721, 1725, 1727 und 1729 nichts von solchen enthalten und erst im Jahre 1738 Laur. Ant. Dercum als Botaniae, Chymiae et matariae medicae Prof. bezeichnet ist. Dagegen wurde offenbar der Botanik mehr Sorgfalt zugewendet und war dieselbe anfangs mit der Professur der Anatomie, später mit derjenigen der Chemie verbunden. — In Betreff des anatomisch-physiologischen Unterrichtes gestalteten sich in dieser Zeit die Verhältnisse wohl erheblich günstiger als früher, namentlich seit der Errichtung einer besonderen anatomischen Anstalt. Nicht nur werden anatomische und physiologische Vorlesungen jetzt ziemlich regelmäßig angekündigt, sondern man erfährt auch durch einen Augenzeugen, Scheibler, daß wenigstens in den 40er Jahren dieses Jahrhunderts kein Mangel an Leichen war¹), und daß die vorgeschriebenen anatomischen Demonstrationen im Winter regelmäßig gehalten wurden (Beilage VI). Diese Demonstrationen waren ein sehr wesentlicher und zum Theil sogar der wesentlichste Theil des anatomischen Unterrichtes und wurden die Studenten und alle Lehrer der Medicin durch besondere Programme²) zu denselben eingeladen. Den einzelnen Demonstra-

formen. 2) Chr. A. A. Jäger von Haßfurt, Fundamenta rei herbariae 1742 mit einer Tafel Abbildungen, Analysen von Blumen rc. enthaltend. 3) G. M. Gattenhoff von Männerstadt, de calculo renum et vesicae 1748, eine Arbeit, in der eigene Erfahrungen niedergelegt sind.

¹) Scheibler sagt (S. bei Thomann L. a. c. pg. XXVII. von den Leichen „quae nunquam deficiunt." Hiermit steht in Uebereinstimmung, daß schon 1725 von anatomischen Untersuchungen von Leichen aus dem Juliusspitale die Rede ist (s. Beilage IV) und daß C. Ph. v. Greiffenklau im Jahr 1749 anordnete, daß der Anatomie die Leichen der Hingerichteten und aus den Spitälern zuzuwenden seien.

²) Von unserer Universität ist kein solches Programm erhalten. Ein Bamberger Programm vom Jahre 1738 zeigt, mit welcher Feierlichkeit damals solche Acte behandelt wurden. Dasselbe führt den Titel: „Daß die anatomische Wissenschaft der Grund und Fundament zu der Chirurgie sei, ohne welchen Grund ohnmöglich die Chirurgie bestehen könne, wird auf gnädigste Erlaubniß Einer hohen Obrigkeit, bey einer theatralischen solennen Section und Demonstration an einer justificirten Weibsperson im St. Martha Hospital den 26. November täglich von 3–4 Uhr vorgestellt; Wozu alle des Studii anatomici Gönner und Patronen, auch die sich selbsten wollen erkennen lernen, freundlichst

tionen schickte der Prof. Anatomiae et Chirurgiae einen auf sie bezüglichen Vortrag voraus, worauf dann der Oberchirurg des Juliusspitales und Demonstrator Anatomiae (auch Praeses anat. genannt) die Präparation und Demonstration vornahm und selbst etwaigen Fragen und Zweifeln begegnete. In der Anatomie wurden auch durch den genannten Demonstrator die chirurgischen Verbände an der Leiche gezeigt und durch den Prof. Chirurgiae die chirurgischen Krankheiten durch Präparate und an der Leiche erläutert. Zu diesem Ende diente auch die anatomische Sammlung, über deren Anfänge allerdings nur wenig bekannt ist.¹)

Unzweifelhaft wurden damals auch schon klinische Sectionen gemacht, doch habe ich vor dem Jahre 1748, in welchem Gattenhoff in seiner Dissertation (s. oben) die Section einer im Juliusspitale Verstorbenen und, beiläufig bemerkt, auch die Autopsie des Fürstbischofs Fr. Carl v. Schönborn erwähnt, in dieser Beziehung nichts gefunden, womit auch eine Bemerkung in der Biographie von C. C. v. Siebold stimmt, derzufolge noch in den 60er Jahren an eine Verwendung der Leichen zu klinischen Sectionen kaum gedacht wurde.

Von den practisch-medicinischen Vorlesungen der ersten Hälfte des 18. Jahrhunderts erwähne ich nur, daß 1729 zum ersten Male bei A. Beringer eine medicinische Klinik angezeigt ist mit den Worten: „Et penitus absolvet therapiam particularem, sive clynicam circa grabatos aegrotantium in magna Hospitali Julianeo in casibus praesertim ambiguis, rarioribus et intricatis suppeditabit," so wie ferner, daß schon im Jahre 1725 der Oberchirurg des Spitales, der der Universität nicht angehörte, die Verpflichtung auferlegt erhielt, den Schülern den practischen Unterricht in der

---

eingeladen von Otto Philipp Virdung ab Hartung, der Medicin Dr., Hochfürstl. Bamb. Landphysikus. Bamberg bei G. A. Gertner 1739."

¹) Scheibler erwähnt außer Skeletten auch Injectionspräparate ganzer Körper, wie unser Cabinet auch jetzt noch ein nach älteren Vorbildern angefertigtes besitzt, und in der Dissertation von Gattenhoff von 1748 (s. oben) sind Steine aus dem Darmcanale von Pferden aus dem anatomischen Museum beschrieben (pag. 18 Anm.), die wahrscheinlich jetzt noch vorhanden sind, ferner ein Gypsabguß einer degenerirten Niere (pag. 27 Anm.). S. auch Beilage V.

Chirurgie am Krankenbette zu ertheilen.¹) Später nach Erlaß der oben mit‌getheilten Verordnungen von Friedrich Carl v. Schönborn wurde dieser klinische Unterricht regelmäßig gegeben, wie Scheibler mit Bewunderung bezeugt.²)

Alles zusammengenommen wird man vielleicht doch sagen dürfen, daß die Medicin und die Naturwissenschaften in den ersten 5 Decennien des 18. Jahrhunderts, vor Allem unter der Regierung des weisen Friedr. Carl v. Schönborn, an unserer Universität einen gewissen Aufschwung genommen hatten, an dem wohl die den wichtigsten Attributen, dem Juliusspitale, der Anatomie, dem botanischen Garten, der Bibliothek, zugewendete Sorgfalt den wesentlichsten Antheil hatte. Von großer und durchgreifender Bedeutung waren jedoch die Leistungen sicherlich nicht und darf man sich nicht verhehlen, daß die Lehrer der damaligen Zeit ihrer Aufgabe größtentheils nicht ge‌wachsen waren. Daß dieses Urtheil nicht zu hart ist, wird Jeder zugeben, der die traurige, aber unmöglich mit Stillschweigen zu übergehende Thatsache erfährt, daß im Jahre 1749 in dem allbekannten Processe gegen die letzte fränkische Here Renata nicht nur die theologische, sondern auch die medici‌nische Facultät (Orth, L. A. Dercum, Hueber, Rügemer) einstimmig für die Existenz von Zauberern und Zauberkünsten sich aussprach³).

Von dieser Zeit an scheint auch ein immer tieferes Sinken der medicini‌schen Facultät zu datiren, das am Ende der 50er Jahre sein Maximum erreicht hatte und von Dr. M. A. Weikard, Professor in Fulda und späterem k. russischen Etatsrathe, auch als eifriger Vorkämpfer des Brownianismus in der Geschichte der Medicin bekannt, in seiner Selbstbiographie⁴) in lebhaften Farben geschildert wird. „Als ich, sagt Weikard, im Jahre 1761 mit C. C.

---

¹) C. C. v. Siebold's Leben und Verdienste, Würzb. 1807 pag. 8.
²) Bei Thomann l. c. pag. XXIV.
³) Zur Kenntniß des damaligen Aberglaubens ist auch eine im Jahre 1708 unter dem Präsi‌dium von Ph. W. Virdung ab Hartung von J. M. Simon von Würzburg vertheidigte Dissertation: „De morbis a fascino causatis" beachtenswerth.
⁴) Biographie des Dr. M. A. Weikard, von ihm selbst herausgegeben, 2. Aufl. Berlin und Stettin 1787.

Siebold und Senfft in Würzburg Medicin zu studiren anfing, waren seit mehreren Jahren keine Zuhörer dagewesen und hatten folglich auch keine Collegien stattgefunden. Ein Jahr vorher hatten zwei angefangen und später mehrte sich die Zahl auf 9. Die Lehrer, die nur 200 bis 300 fl. hatten, betrachteten aber natürlich ihr Lehramt als eine Nebensache und waren auch entwöhnt von dem Schulgeschäfte und mußten wir mehrmals beim Rector magnificus klagen, ehe wir sie sämmtlich dahin brachten, wieder Collegien zu lesen. Sie mußten durch Ermahnungen und ernstliche Drohungen hierzu gezwungen werden. Dessenungeachtet ging es damit äußerst sparsam zu, es war oft Vierteljahre lang Stillstand und doch bei alledem der Verlust nicht sonderlich." Weikard fügt dann noch eine drastische Characteristik der Professoren bei, die, obwohl übertrieben, manches Wahre enthalten mag.

Man muß diese Verhältnisse kennen, um den großen Wechsel richtig zu würdigen, der nun fast mit Einem Schlage durch die weise Fürsorge und den Scharfblick von Ad. Friedr. Grafen v. Seinsheim (1755—1779) eintrat. In der That datirt von der durch diesen Fürsten vermittelten Anstellung Carl Caspar Siebold's eine neue Aera unserer medicinischen Facultät, die auch für die Gesammtuniversität von der größten Bedeutung war.

Carl Caspar Siebold, durch Kaiser Franz II. im Jahre 1801 in den erblichen Adelsstand erhoben, wurde am 4. Nov. 1736 in Niedeken im Herzogthum Jülich als Sohn eines geachteten Wundarztes und einer geb. Brünninghausen geboren. Am 13. Januar 1760 kam Siebold, 24 Jahre alt, als französischer Wundarzt zum Feldspitale der chursächsischen Truppen nach Würzburg, verließ aber schon im August desselben Jahres den Militärdienst und übernahm am Juliusspitale die Stelle eines ersten Gehülfen des Oberchirurgen, Demonstrators der Anatomie und Hebammenlehrers J. B. Stang, seines späteren Schwiegervaters. Da er bisher wohl die philosophischen Fächer, Medicin jedoch nur unter Anleitung seines Vaters studirt hatte, so immatriculirte er sich sofort als Mediciner und bestand am 30. Mai 1763 sein medicinisches Examen. Während seines dreijährigen Studiums hatte jedoch C. C. Siebold schon die Aufmerksamkeit von Ad. Friedr. v. Seinsheim auf sich gezogen, der, sein Talent erkennend, die Mittel zu weiterer Ausbildung gewährte und in ihm einen würdigen Nachfolger Stang's zu erziehen beschloß. So konnte Siebold schon am 12. Aug. 1763 eine wissenschaftliche Reise nach Frankreich, England und Holland antreten, auf der er alles aufbot, um sich zu einem hervorragenden Chirurgen, Geburtshelfer und Anatomen auszubilden. In der That ersieht der Kundige aus den Namen der von ihm besuchten Lehrer, von denen nur Sabatier, Bordenave, Anton Petit, Levret, Moreau, Le Cat in Frankreich, W. Hunter, Cheselden, Mackenzie in London, B. S. Albin und Gaub in Leyden genannt werden sollen, gleich, daß Siebold eine Gelegenheit geboten war, wie noch keinem der früheren Lehrer der Würzburger medicinischen Facultät, und so kehrte er nach fast 3 Jahren am 4. Mai 1766 reich an Erfahrungen und Kenntnissen nach Würzburg zurück, wo er sofort zum Leibarzte des Fürsten ernannt und Stang abjungirt wurde. Am 31. Jan. 1769 vertheidigte er seine Dissertation[1]), die erste in Würzburg erschienene, die Abbildungen und eigene Beobachtungen bot und wurde dann am 21. Aug. öffentlich nach altem Ritus mit noch 4 andern zum Doctor promovirt, nachdem er kurz vorher auch ordentlicher Professor der Anatomie, Chirurgie und Geburtshülfe geworden war.

Von nun an entfaltet sich die segensreiche Wirksamkeit Siebold's in immer vollerem und reicherem Maße, doch ist es an diesem Orte unmöglich, dieselbe so nach allen Seiten hin zu beleuchten, wie sie es verdiente, und sehe ich mich gezwungen, das, was dem practischen Gebiete angehört, mehr in den Hintergrund treten zu lassen.

Als Siebold in Würzburg sein Lehramt antrat, fand er seine Hauptfächer ganz darniederliegend und mußte sein Hauptaugenmerk dahin gehen, die betreffenden Anstalten und den Unterricht ganz neu zu organisiren. Den wichtigsten Schritt that er durch sofortige Eröffnung eines regelmäßigen klinischen chirurgischen Unterrichtes, der bis dahin in Würzburg noch nie von einem Universitätslehrer gegeben worden war (vergl. oben S. 20), indem die Stelle des Professors der Chirurgie und des Oberchirurgen im

---

[1]) Diss. inaug. sistens fasciculum Observationum medico-chirurgicarum cum 3 tabulis.

Juliusspitale vor Siebold getrennt gewesen waren. Ferner führte er chirurgische Operationsübungen an Leichen ein und gab den chirurgischen Vorträgen durch Vorweisung anatomischer Präparate eine ganz neue und fruchtbringende Gestalt. Bei seinen großen Lehrern in Frankreich und England hatte nämlich Siebold die Erkenntniß gewonnen, von welchem Vortheile die Anatomie für den Operateur sei und blieb er dieser Ueberzeugung auch sein Leben lang treu. Obschon die Anatomie nicht sein Specialfach war und er auch keine eigenen Entdeckungen in diesem Gebiete aufzuweisen hat, so wandte er demselben doch einen guten Theil seiner Thätigkeit zu und wurde dieses Fach erst durch ihn in Würzburg zu größerer Blüthe gebracht. In der That ist E. C. Siebold der erste, der bei uns einen regelrechten anatomischen Unterricht ertheilte und die anatomischen Präparirübungen als wesentlichen Theil des anatomischen Unterrichtes einführte, so daß die früheren schwachen Versuche nach dieser Seite (s. oben bei Virdung) kaum erwähnenswerth erscheinen. Jeden Winter trug er in 4 Stunden die gesammte Anatomie vor und leitete den Unterricht im Seciren und die Sectionen theils selbst, theils unter Mitwirkung seiner Juliusspitälischen Gehülfen, während im Sommer ein Cursus in der Osteologie und Bänderlehre als Einleitung vorausging. Zugleich war er auch um das anatomische Museum besorgt, das er im ersten Stadium des Entstehens vorgefunden hatte, und begründete dasselbe theils durch Schenkung alles dessen, was er selbst gesammelt hatte, theils durch sorgfältige Aufbewahrung aller vorkommenden pathologischen Präparate.

Daß ein Lehrer wie E. C. Siebold bald in weiteren Kreisen Anerkennung sich erwarb, ist einleuchtend, und so sammelte sich auch eine rasch sich vermehrende Schaar eifriger Studenten in Würzburg und füllten sich die lange verwaist gewesenen Hörsäle. Zugleich stellte sich aber auch im Juliusspitale wie auf der Anatomie heraus, daß die alten Einrichtungen nicht mehr genügten. Hier konnte nur eine gründliche Umgestaltung helfen und diese nach Siebold's Rath durchgeführt zu haben, ist das große Verdienst des Fürstbischofs Franz Ludwig von Erthal (1779—1795), des würdigen Großneffen von Julius, eines Herrschers von hervorragenden Talenten, Energie und Rechtschaffenheit. Zuerst wurde ein sehr eingreifender Umbau des Juliusspitales vorgenommen¹) und in dem neu aufgebauten, 1791 vollendeten vorderen Flügel desselben ein **chirurgisches Operationszimmer** und ein Zimmer für das Instrumentarium eingerichtet, zugleich aber auch die inneren Verhältnisse und namentlich auch der klinische und chirurgische Unterricht durch eine Verordnung geregelt.²) Nachdem dann im Jahre 1782 das 2. Jubiläum der Universität mit großer Pracht begangen worden war, begann Franz Ludwig auch eine **Neuorganisation der anatomischen und botanischen Anstalten**. In der bisherigen Anatomie wurde das Amphitheater neu eingerichtet und erweitert und neben demselben zwei Säle zur Aufnahme der anatomischen Sammlung bestimmt. Außerdem entstand an der hinteren Seite des Gebäudes ein ganz neuer Anbau mit drei Räumen, einem Zimmer für die Sectionen und Privatcollegien des Professors und Prosectors, einem Präparirsaale und einer Küche, so wie ferner auf dem nahe gelegenen Juliusspitälischen Leichenhofe ein Macerirhaus mit einer Knochenbleiche. Zugleich wurde dem bringenden Wunsche Siebold's zufolge, der wohl einsah, daß er allein neben seinen zahlreichen anderen Geschäften nicht auch noch in der Weise, als es wünschbar erschien, der Anatomie vorstehen könne, am 29. April 1789 **Franz Caspar Hesselbach** als Prosector angestellt und die Verhältnisse auf der Anatomie durch einen besonderen Erlaß geregelt.³) Am 9. Juli 1788 wurde die neu restaurirte Anatomie feierlich in Gegenwart des Fürstbischofs eingeweiht, bei welcher Gelegenheit Siebold eine Rede von den Vortheilen hielt, welche der Staat durch öffentliche anatomische Lehranstalten gewinnt, die im nämlichen Jahre im Drucke erschien⁴) und Ansichten und Pläne der neuen Anstalt enthält.

---

¹) S. Thomann l. c. mit Abbildungen der neuen Baulichkeiten.
²) S. Vorschriften für die Candidaten, die das chirurgische Clinicum besuchen, in Würzb. gel. Anzeigen 1791 I. Th. S. 426 und Vorschriften für den Prof. der Anatomie und Chirurgie mit Rücksicht auf die Chirurg. Vorlesungen und practischen Uebungen in diesem Fache. Ebendas. S. 385.
³) Verfügungen und Einrichtungen in der anatomischen Anstalt, Würzb. gelehrt. Anz. 1791. Th. 1. S. 345—348.
⁴) Nürnberg 1788 bei Grattenau.

Das neue Gebäude zeigte über dem Eingange die Inschrift: Theatrum anatomicum renovavit et auxit Franziscus Ludovicus, Julii abnepos A. R. S. MDCCLXXXVII und über derselben das Wappen des Fürsten Johann Philipp von Greiffenklau, des ersten Erbauers des ursprünglich als Gartensaal benutzten Hauses. Rechts und links vom Eingange befanden sich zwei allegorische Figuren, anatomische Forscher in ihren Beschäftigungen darstellend, welche eine spätere Zeit ohne Grund auf bestimmte Personen, wie Vesal und Galen bezog.

Gleichzeitig mit der Anatomie wurde auch der botanische Garten umgestaltet und vermehrt. Der wesentlichste Gewinn bestand in neuen Treibhäusern und einem zwischen denselben errichteten einstöckigen Gebäude, das in seinem ersten Stocke die Wohnung des Gärtners und zu ebener Erde zwei Laboratorien und Hörsäle, einen für Botanik und einen für pharmaceutische Chemie enthielt. Am Eingange dieses Hauses stand auf einer Marmorplatte in goldener Schrift: Has aedes exstrui curavit praelectionibus botanicis et chemicis sacravit hortumque botanicum auxit Franciscus Ludovicus A. R. S. MDCCLXXXVII, welche Tafel jetzt, nachdem das Gebäude dem neuen botanischen Garten weichen mußte, in diesem an der Stelle eingemauert ist, wo das alte Auditorium stand. Schon vor der Vollendung dieses Gebäudes wurde auch im Jahre 1782 die Chemie, die bisher immer in den Händen von Medicinern gewesen war, zu einem besonderen Lehrfache erhoben und war Pickel der erste Professor derselben. Die Botanik dagegen blieb immer noch mit der Materia medica und Receptirkunde verbunden, trat jedoch allerdings durch Heilmann [seit 1782 Professor] mehr in den Vordergrund.

Zu allen diesen Neugestaltungen kam nun auch noch die Reorganisation des medicinisch-klinischen und geburtshülflichen Unterrichtes. Ersteren anlangend, so hatte zwar schon im Jahre 1769 Menolph Wilhelm, Praxeos, Chemiae et Medicinae clinicae Professor, wie er im Lectionscataloge von 1772 heißt, einen regelrechten medicinisch-klinischen Unterricht eröffnet, doch kam dieser erst in den 90er Jahren unter dem ältesten Sohne von Siebold, Georg Christoph, und seinem Nachfolger Nicolaus

Thomann zu größerem Aufschwunge [1]), und was den Unterricht in der Geburtshülfe betrifft, so gelang es dem ebengenannten Georg Christoph Siebold, der 1790 als erster Professor dieses Faches angestellt wurde, wenigstens eine provisorische Entbindungsanstalt in dem sogenannten Freihause zu errichten.

Somit war nun in dem kurzen Zeitraume von etwa 20 Jahren seit dem ersten Auftreten C. C. Siebold's Würzburg an Anstalten für den Unterricht in der Medicin und Naturgeschichte zu einer Entwicklung gelangt, gegen welche alles Frühere weit in den Schatten tritt und darf man wohl die Frage aufwerfen, ob auch die Lehrer auf der Höhe des ihnen Gebotenen standen. Mit Bezug auf das Gebiet der practischen Medicin ist diese Frage unbedingt zu bejahen und zeichnet sich die neue Epoche der Würzburger medicinischen Facultät gerade vor Allem durch den Aufschwung nach dieser Seite aus, um welche neben C. C. v. Siebold die medicinischen Kliniker Wilhelm, Georg Christoph v. Siebold und R. Thomann, die Chirurgen und Geburtshelfer Georg Christoph v. Siebold, Barthel v. Siebold und Elias v. Siebold, die würdigen und talentvollen Söhne Carl Caspar's, ferner Gutberlet und Nicolaus Friedreich, die Vertreter der gerichtlichen Medicin und allgemeinen und speciellen Therapie, Verdienste sich erwarben. Die theoretischen Fächer dagegen waren noch nicht in den Vordergrund getreten. C. C. v. Siebold war weder Anatom vom Fach, noch in der Physiologie und vergleichenden Anatomie bewandert und so finden wir, daß der ganze anatomische Unterricht zu seiner Zeit eine specifisch practische Richtung hatte, welche auch der Prosector Hesselbach mit großem Eifer selbständig verfolgte. Die Verdienste Hesselbach's um unsere Anatomie sind nichtsdestoweniger bedeutende und hat er, von Siebold angeregt und den Intentionen desselben gemäß, den practischen anatomischen Unterricht

---

[1]) C. G. Chr. Siebold, Vorl. Nachricht von der gegenwärtigen Einrichtung des Clinicum im Juliushospitale zu Würzburg, Würzb. 1795 und de instituti clinici ratione, Wirceb. 1795, ferner J. R. Thomann, Ueber die klinische Anstalt an dem Juliushospitale, Würzb. 1798 und Annales Instit. medico-clinici Wirceburgensis T. 1—3. 1799. 1801, 1803 (der letzte Band deutsch).

zu großer Blüthe gebracht und auch das anatomische Museum durch zahlreiche Präparate vermehrt, zu denen 1795 auch durch Ankauf die Sammlung von Embryonen und Injectionen von G. Chr. v. Siebold kam.

Von Leistungen im Gebiete der Physiologie ist in der 2. Hälfte des 18. Jahrhunderts wenig Rühmliches zu melden. Bis zum Jahre 1769 trug Andreas Jos. Rügemer, Institutionum Professor, Physiologie vor und zwar nach Haller (s. den Catalog von 1769); wenn man aber liest, was Dr. Weikard von diesem Lehrer meldet, so wird man ihm wohl keinen großen Erfolg beizumessen im Stande sein. Etwas besser war sein Nachfolger Adam Andreas Senfft (von 1770—1795 Professor), doch erhob auch er sich nicht über ein bescheidenes Nachtreten größerer Autoritäten. Vom Jahre 1792 an beginnt G. Chr. v. Siebold privatim Physiologie zu lesen und wird auch 1796 zum ersten Professor dieses Faches ernannt. Im Jahre 1792 trägt er zum ersten Male eine Embryologia physiologico-obstetricia vor und liest 6 stündlich ein Mal im Jahr Physiologie nach Blumenbach und Calbani, erläutert durch Präparate und Versuche, doch hinderte diesen begabten Lehrer, den Vater des bekannten Erforschers von Japan, eine allzugroße Zersplitterung, indem er auch allgemeine und specielle Therapie, Geburtskunde, Kinder- und Frauenkrankheiten, Diätetik und später auch Klinik vertrat, an einem fruchtbringenden Wirken im Gebiete der Physiologie, dem ihn ohnehin 1798 im 33. Lebensjahre ein früher Tod entriß. Am Schlusse dieser Epoche endlich (von 1799/1800—1802/3) tritt, nach einem Interregnum von 2 Jahren, noch ein junger vielversprechender Forscher, Joh. Jos. Dömling von Merkershausen im Grabfelde auf. Durch Unterstützung des letzten Fürstbischofs Georg Carl v. Fechenbach (1795—1802) in Wien, Berlin, Halle und Jena ausgebildet, begann er unter guten Auspicien sein Lehramt. Mit tüchtigen philosophischen Vorkenntnissen ausgerüstet, da er in Jena Fichte und Schelling gehört hatte, beabsichtigte er die menschliche Physiologie auf der breiten Basis der vergleichenden Anatomie und einer comparativen Physiologie aufzubauen, wie er 1801 ankündigt, als schon im März 1803 der Tod seinem Wirken ein Ziel setzte, so daß sein Andenken nur in einigen,

weniger durch neue Entdeckungen als durch ihre philosophischen Grund-
anschauungen bemerkenswerthen Arbeiten[1]) bei uns fortlebt.

Von theoretischen Fächern erwähne ich endlich noch die pathologische
Anatomie, der es in diesem Zeitraume noch nicht gelang, eine selbständigere
Stellung einzunehmen. Der anatomische Prosector machte, wie noch lange
Jahre später, die klinischen Sectionen und sorgte für die Vermehrung der in
der normal=anatomischen Sammlung befindlichen Präparate, während Vorträge
über pathol. Anatomie im Winter 1797/98 zum ersten Male von Barthel
v. Siebold gehalten wurden, der auch um diese Zeit für seinen Vater
Anatomie las. —

An die Stelle ruhiger Fortentwickelung auf der gewonnenen breiteren
Grundlage, für die auch die im Jahre 1773 erfolgte Aufhebung des Jesuitenordens
mit der Zeit von Einfluß gewesen wäre, traten im Anfange unseres Jahr=
hunderts für die medicinische Facultät und die ganze Universität Umgestaltungen
der eingreifendsten Art, die allen Facultäten vorübergehend ein neues Gepräge
gaben und schließlich die gesammte Universität in neue Bahnen führten.

Im Jahre 1802 wurde nach dem Frieden von Luneville das Hochstift
Würzburg säcularisirt und am 22. Novbr. vom Kurfürsten Max Joseph
v. Bayern in Besitz genommen, der am 11. November 1803 der Universität
eine ganz neue Organisation und den Namen Julius=Maximilians=
Universität gab. Doch war diese Gestaltung vorläufig nicht von Dauer,
indem schon im Jahre 1806 das Land an den Erzherzog Kurfürsten, nach=
herigen Großherzog Ferdinand, überging, der am 7. Sept. 1809 die Hoch=
schule abermals anders und zwar mehr im Sinne der ursprünglichen Statu=
ten umformte. Diese zweite Epoche dauerte bis 1814, in welchem Jahre Bayern
das Land wiederum und diesmal dauernd übernahm und dann im Jahre
1817 der Universität von Neuem eine andere Grundlage gab. — Daß ein
so rascher Wechsel der äußern und innern Verhältnisse von dem eingreifend=

---

[1]) Gibt es ursprüngliche Krankheiten der Säfte? Bamberg und Würzburg 1800 und Kritik
der vorzügl. Vorstellungen über Organisation und Lebensprincip, Würzb. 1802. Außerdem schrieb er
ein Lehrbuch der Physiologie in 2 Bänden, das nicht über den Rang einer Compilation sich erhebt.

ften Einflusse auf das Leben der einzelnen Facultäten sein mußte, ist einleuchtend, doch ist es um so weniger meine Aufgabe, diese Seite näher zu beleuchten, als die medicinische Facultät im wissenschaftlichen Gebiete mehr nur mittelbar betroffen wurde und im Ganzen, soweit als die kriegerischen Zeiten es gestatteten, in stetiger Entwickelung weiter ging.

Die Würzburger klinische Schule, die durch den alten Carl Caspar v. Siebold, seine drei Söhne, Christoph, Barthel und Elias, durch Wilhelm und Thomann gegründet worden war, bewahrte auch in unserem Jahrhunderte ihren alten wohlerworbenen Ruhm und steigerte denselben sogar in einzelnen ihrer Vertreter zum höchsten Glanze, so daß nun seit einem vollen Jahrhunderte Würzburg als eine der ersten practisch-medicinischen Bildungsanstalten da steht. Indem ich, wie begreiflich, die letzten Decennien mit Stillschweigen übergehe, erinnere ich nur an die Chirurgen Barthel von Siebold († 1814), der bis 1814 die Klinik leitete, Cajetan von Textor, der von 1816—1833 und wieder von 1835—1860/61 wirkte und noch in vieler der Gegenwärtigen Erinnerung lebt, und Michael Jäger (von 1833—1835). Der inneren Klinik standen vor J. R. Thomann bis 1805, Fr. W. von Hoven von 1802—1806, Nicolaus Friedreich von 1806—1819, der unvergeßliche Lucas Schönlein von 1819—1833 und von Marcus von 1833—1862/63. Die geburtshülfliche Klinik endlich führten Elias von Siebold bis zu seinem Abgange nach Berlin im Jahre 1816, d'Outrepont von 1816—1846, Fr. Kiwisch Ritter von Rotterau von 1846—1852. — Einen guten Antheil an der Blüthe der practischen Medicin bei uns hatte allerdings auch das großartige mit der Universität verbundene Juliusspital, in dem auch in unserem Jahrhunderte viele den Unterricht und die Heilzwecke fördernde Umgestaltungen stattfanden, von denen ich nur den Bau eines neuen chirurgischen Operationssaales an der Stelle der Kapelle im vorderen Baue und bessere Einrichtungen der klinischen Krankenzimmer namhaft mache, ferner die Errichtung ganz neuer Anstalten, wie einer Entbindungsanstalt, deren Eröffnung im Jahre 1806 Elias von Siebold durch ein besonderes Programm feierte, und einer ambulanten Klinik, die Professor Horsch im Sommer 1807 in's Leben rief und bis

1819 leitete, worauf dann von 1821—1831 der Titularprofessor Weub dessen Stelle einnahm, später, nachdem eine besondere Professur der Poliklinik gegründet werden war, von 1831—1833 Hergenröther und von 1833—1837 Conrad Heinrich Fuchs. Erwähnt sei endlich auch noch die Staatsarzneikunde, der Thomas August Ruland, der Verfasser eines seiner Zeit trefflichen Handbuches [1]), durch die Einführung von Anleitungen zu Legalsectionen in Verbindung mit Hesselbach, einen höheren Schwung gab, und die Veterinärmedicin, für die schon im Jahre 1791 unter Franz Ludwig eine besondere Anstalt errichtet worden war. In der churbayerischen Periode wurde die Veterinäranstalt mit der medicinischen Facultät verbunden und erlitt dann im Jahre 1808 eine Reorganisation. Derselben standen vor von 1803 bis 1833 Aug. Ryß, dann bis 1837 C. H. Fuchs und zuletzt Fr. Ab. Schmidt; doch wurde die Anstalt schon im Jahre 1824 durch Abgabe ihrer Hauptlokalitäten an die zootomische Anstalt wesentlich beschränkt.

Eine genauere Würdigung aller der genannten Gelehrten und ihrer Thätigkeit einer kundigeren Hand überlassend, wende ich mich zu den anatomisch-physiologischen Disciplinen, bei denen die glänzenden Namen eines Döllinger und Heusinger uns entgegentreten. Mit der churbayerischen Zeit ergab sich in diesem Gebiete im innigsten Zusammenhange mit dem neuen Lehrplane, der die rein wissenschaftliche Seite der Universität mehr in den Vordergrund stellte, die sehr wichtige Umgestaltung, daß die Anatomie von der Chirurgie gänzlich geschieden und mit der Physiologie und vergleichenden Anatomie, die zum ersten Male als Nominalfach erscheint, vereint wurde, was dann naturgemäß auch das Bedürfniß wachrief, die anatomische Anstalt zu vergrößern und besser einzurichten. Es waren jedoch anfangs, der politischen Verhältnisse halber, alle Versuche der Professoren J. F. Fuchs und Döllinger, sowie der medicinischen Facultät ohne Erfolg und gelang es erst 1817, trotz einer radicalen Umgestaltung, die immer noch sehr bescheidenen Räumlichkeiten herzustellen, die auch einzelne der Gegenwärtigen als Lehrer und

---

[1]) Von dem Einflusse der Staatsarzneikunde auf die Staatsverwaltung, nebst einem Entwurfe der Staatsarzneikunde, Rudolstadt 1806.

Lernende kennen zu lernen Gelegenheit hatten. Eine lebhafte Schilderung der Mängel der alten Anstalt und eine kurze Beschreibung der neuen Einrichtungen giebt Döllinger in einem Programme[1]), mit dem er die Eröffnung der neuen Säle feierte.

In dieser Anstalt nun entfaltete Döllinger während 20 Jahren vom Winter 1803 bis zum Frühlinge 1824 seine ruhmvolle Thätigkeit, die nächst derjenigen der Siebolde wohl am meisten zum ersten Aufschwunge der Würzburger medicinischen Facultät beigetragen hat. Ignaz Döllinger, 1770 in Bamberg geboren als Sohn eines Leibarztes von Franz Ludwig und Professors an der dortigen medicinischen Facultät, machte seine ersten Studien in Bamberg und Würzburg und besuchte später, von dem genannten Fürsten unterstützt, Wien, wo er von Barth und Prohaska besonders auch die Kunst der feinen Injectionen erlernt zu haben scheint, und Pavia, wo er ein eifriger Schüler von Joh. Pet. Frank und Antonio Scarpa war. Im Jahre 1794 nach Bamberg zurückgekehrt, erwarb er sich die Doktorwürde[2]) und wurde wenige Wochen später Professor an der dortigen medicinischen Facultät, wo er während 8 Jahren Physiologie und allgemeine Pathologie vertrug und Collega des Begründers der Erregungstheorie A. Röschlaub und des älteren Marcus war. Nachdem 1801 die Universität Bamberg aufgehoben worden war, wurde er bald darauf nach Würzburg berufen, wo er im Winter 1803/4 Vorlesungen über Physiologie, vergleichende Anatomie und allgemeine Pathologie begann und im Sommer 1806 auch die Anatomie übernahm, welche, nachdem E. C. v. Siebold im Winter 1797/98 von derselben zurückgetreten war, zuerst Barthel v. Siebold und dann von 1804/5 an Johann Friedrich Fuchs vertreten hatten. Döllinger entwickelte in Würzburg gleich von Anfang an eine staunenswerthe akademische Thätigkeit und las regelmäßig in jedem Semester je 6 stündlich: Anatomie,

---

[1]) In Memoriam restaurati Theatri anatomici illustrationem ichnographicam fabricae oculi humani auditoribus suis offert. A. Ignatius Döllinger, Anat. et Phys. Prof., Wirceb. 1817.

[2]) Die Dissertation von Döllinger führt den Titel: de cognoscendis et curandis simplicibus humani corporis affectibus. Bamb. 1794.

Physiologie und allgemeine Pathologie und im Sommer auch noch Gründ»
lich vergleichende Anatomie. Später trat an die Stelle der Pathologie die
pathologische Anatomie und je einmal las er auch allgemeine Anatomie und
Embryologie. Außerdem widmete er sich auch in der aufopferndsten Weise
seinen Schülern, so daß einer derselben, ein Zeuge von der höchsten Glaub«
würdigkeit, der berühmte Embryologe Karl Ernst von Baer erklärt¹),
Döllinger stehe in dieser Beziehung vielleicht ohne Vorgänger da und
werde kaum ihm gleichkommende Nachfolger haben.

Von Döllinger's Wirksamkeit möchte im Einzelnen besonders folgen»
des hervorzuheben sein: Döllinger war für Würzburg der erste Vertreter
der vergleichenden Anatomie und der Begründer einer besonderen zootomisch=
physiologischen Schule, als welcher er auch für ganz Deutschland als bahnbrechend
bezeichnet werden kann. Welchen Werth er der vergleichenden Anatomie bei»
legte, ersieht man aus einer kleinen, im Jahre 1814, in einer ähnlichen Sturm=
periode wie die jetzige, veröffentlichten Schrift²), aus der ich mich nicht ent«
halten kann folgenden auf die politischen Begebenheiten anspielenden Ausspruch
(l. c. pag. 12) hier wörtlich anzuführen: „Von jeher, sagt Döllinger, gab
es hochgesinnte Männer, welche mit reiner Liebe der Naturkunde pflegten und
ohne Interesse auch in ihr den Werth des Wissenschaftlichen zu schätzen
wußten; und nun vollends jetzt zur hoffnungsvollen Zeit der deutschen
Wiedergeburt, wo Deutschlands muthige Schaaren kräftig in die Weltbegeben=
heiten eingreifen, kann es sich auch nicht fehlen, daß die stilleren, zur ruhigen
Anschauung geschaffenen Gemüther zu Hause mit erneuerter Kraft an der
Befestigung des geistigen Reiches der Wissenschaften arbeiten, um es dem
Vaterlande nicht an innerem Gehalte und Gediegenheit fehlen
zu lassen."

Die vergleichende Anatomie ist für Döllinger die Grundlage der ge=
sammten Anatomie und Physiologie, deren erste und vornehmste Aufgabe die

---
¹) S. K. E. v. Baer Nachrichten über sein Leben und seine Schriften, mitgetheilt von ihm
selbst, Petersburg 1865 S. 253.
²) Ueber den Werth und die Bedeutung der vergleichenden Anatomie, Ein Programm. Würz»
burg 1814.

ist, die Bildungsgesetze der organischen Körper zu bestimmen, eine Definition, die wir auch jetzt nicht besser geben könnten und der man wohl ansieht, daß ihr Urheber, der in Würzburg eine Zeit lang Schelling zum Collegen gehabt hatte, von den extremen Ansichten der Naturphilosophie sich frei zu erhalten wußte, wie denn überhaupt Döllinger niemals die Basis des Thatsächlichen aprioristischen Constructionen opferte. Um das Studium der vergleichenden Anatomie in Würzburg zu fördern, stiftete Döllinger eine besondere zootomisch-physiologische Gesellschaft[1]), und errichtete in seiner Wohnung ein Laboratorium, in welchem alle in dieser Richtung thätigen Studirenden unter seiner Leitung arbeiteten und einmal in der Woche gemeinsam sich über das Beobachtete besprachen. Männer wie Schönlein, v. Baer, Panber, d'Alton, Kaltenbrunner u. v. a. haben so bei Döllinger ihre ersten Untersuchungen gemacht und sind aus dieser Gesellschaft eine Reihe wichtiger Arbeiten hervorgegangen[2]).

Bei diesen Forschungen spielte auch das Mikroskop eine Rolle und ist Döllinger einer derer gewesen, die es sich am meisten angelegen sein ließen, dieses zwar schon lange bekannte, aber noch wenig verwerthete Instrument in Aufnahme zu bringen. In Würzburg diente das Mikroskop Döllinger besonders zur Untersuchung der Phänomene des Kreislaufes und der ersten Entwicklung und verdanken wir ihm bemerkenswerthe Schilderungen der Blutbewegung in den feinsten Gefäßen und der ersten Entstehung des Blutes beim bebrüteten Hühnchen.

Die bedeutendsten aller Leistungen Döllinger's sind jedoch unstreitig die in der Entwicklungsgeschichte und muß er mit Caspar Friedrich Wolff als derjenige bezeichnet werden, von dem an die neue Epoche der Ent-

---

[1]) Welchen Werth D. auf diese Gesellschaft legte, die wohl das erste Institut der Art in Deutschland war, ersieht man aus einer bei unseren Senatsacten liegenden Eingabe mit der Bitte, diese Gesellschaft in den Lectionscatalogen ankündigen zu dürfen. Das Curatorium machte jedoch Schwierigkeiten und glaubte nicht ohne allerhöchste Genehmigung dieß zulassen zu dürfen (!), worauf D. weiterer Schritte nach dieser Richtung sich enthielt.

[2]) Vgl. die vortreffliche Rede zum Andenken von Ignaz Döllinger von Ph. Fr. v. Walther, München 1841, pg. 61, die jedoch lange nicht alle solche Schriften enthält.

wicklungsgeschichte datirt. C. Fr. Wolff hatte nach der Mitte des vorigen Jahrhunderts (1778, 1779) in Folge seiner Untersuchungen am Hühnchen einen allgemeinen Entwicklungsplan des Körpers aufgestellt, demzufolge jedem großen anatomischen Systeme, wie z. B. dem Nervensysteme und Darmsysteme, ein einfaches blattförmiges Primitivorgan zu Grunde liegt, doch war es ihm nicht vergönnt, diese Organe wirklich durch die Beobachtung nachzuweisen. Erst Döllinger gelang dieß im Vereine mit seinem Schüler Christian Pander und haben sich diese beiden Forscher durch ihre embryologischen Untersuchungen einen unvergänglichen Ruhm erworben. Wer über diese Forschungen, die in die Jahre 1816 und die folgenden fallen, authentische Nachrichten wünscht, findet sie in der Vorrede zu K. E. v. Baer's Untersuchungen zur Entwicklung der Thiere und in Baer's Autobiographie (L. s. c. pag. 267 u. ff.), aus denen hervorgeht, daß die erste Anregung zu denselben, sowie die ersten Anleitungen von Döllinger ausgingen. Die großartigen Untersuchungen selbst an mehr als 2000 bebrüteten Eiern wurden dann wesentlich von Pander vorgenommen, den Döllinger in sein Haus aufgenommen hatte, auch trug derselbe alle Kosten, auch die des später hinzugekommenen ausgezeichneten und intelligenten Künstlers D'Alton. Im Verlaufe der ganzen Beobachtungsreihe gestaltete sich dann aber doch die Sache so, daß das Gesammtergebniß wohl als Gemeingut von Döllinger, Pander und D'Alton anzusehen ist, obschon Pander allein dasselbe öffentlich bekannt machte. Auch K. E. v. Baer nahm anfangs an diesen Untersuchungen Theil und empfing ebenfalls in Döllinger's Laboratorium die ersten Anregungen, die dann später in Königsberg zu so großartigen Resultaten führten.

Eigenthümlich gestaltete sich in Würzburg Döllinger's Stellung zur menschlichen Anatomie. Unter seinen Vorgängern C. C. und Barthel von Siebold, die die Anatomie im Ganzen doch nur als Nebenfach behandelten, war der seit 1789 angestellte, in der anatomischen Technik unstreitig sehr erfahrene Prosector Hesselbach zu immer größerer Bedeutung gelangt und schließlich, da er die klinischen Sectionen anstellte, die Präparirübungen allein leitete und seit 1799 auch Vorlesungen im Lectionscataloge ankündigte, zu einer Art zweiten anatomischen Professors und factisch zum Alleinherrscher auf der Anatomie geworden. Ein Mann von der Bedeutung und der Energie Döllinger's konnte sich eine solche Stellung des wenn auch gewandten, doch geistig weit untergeordneten Prosectors nicht gefallen lassen, da jedoch dieser, zäh von Natur und im Bewußtsein langer ersprießlicher Dienste, sich nicht unterordnen wollte, so entwickelte sich ein Verhältniß, wie es wohl noch auf keiner Anatomie bestand[1]) und welches schließlich Döllinger veranlaßte, den Präparirsaal fast ganz zu meiden und in seinem Hause ein eigenes Laboratorium einzurichten, das jedoch wesentlich zu zootomischen Uebungen diente. Diese Umstände, verbunden mit dem Mangel eines Zimmers auf der Anatomie, machen es begreiflich, daß Döllinger fast nichts für die anatomische Sammlung that. Dagegen muß dem alten Hesselbach und seinem Sohne, der nach dem im Jahre 1816 erfolgten Tode des Vaters die Prosectur bis 1828 führte, nachgerühmt werden, daß sie das anatomische Museum mit einer namhaften Zahl von Präparaten bereicherten, mit Bezug worauf freilich zu bemerken ist, daß die Universität einen guten Theil derselben käuflich von ihnen erwarb, wie denn schon in der ersten anatomischen Instruction von 1791 der Verkauf von Präparaten durch den Prosector regulirt war. Im Uebrigen waren beide Hesselbach auch als Docenten und Schriftsteller thätig, lasen über einzelne Theile der Anatomie, über chirurgische Anatomie und über Hernien und schrieben über anatomische und chirurgisch-anatomische Themata. Auch rühren von Hesselbach junior die ersten gedruckten Nachrichten über das anatomische Museum her[2]).

---

[1]) In Betreff dieser Zwistigkeiten ergeben die alten Acten des Senates manches Erbauliche. So mußte Hesselbach Vater zur Herausgabe des Antheiles von Döllinger an den Präparirgeldern durch den Senat gezwungen werden. Einmal hatte H. Döllingern ein wichtiges Präparat eines Hermaphroditen entzogen, worauf der Raum, in welchem dasselbe sich befand, von Seiten des Rectors versiegelt wurde und das Stück später durch eine besondere Commission an D. ausgehändigt wurde. Ferner klagte H. in den öffentlichen Blättern Döllinger an, er lasse Leichentheile nach Hause bringen und präparire sie dort u. s. w.

[2]) Dr. A. K. Hesselbach, Bericht von der k. anatomischen Anstalt in Würzburg, Studienjahr 1818/19 mit einer Beschreibung des menschlichen Auges, Würzburg 1820 und Beschreibung der pathologischen Präparate, welche in der anatomischen Sammlung zu Würzburg aufbewahrt werden, Gießen 1824. — Im Jahre 1812 enthielt das anatomische Museum nach den Senatsacten 1181 Präparate, von denen 680 trockene; im Jahre 1818/19 dagegen 1351, wovon 22 von Thieren.

Der pathologischen Anatomie geschah bis jetzt nur gelegentlich Erwähnung und trage ich nach, daß Döllinger wohl zu wiederholten Malen über diese Disciplin las, derselben jedoch offenbar keine besondere Aufmerksamkeit zuwandte. Anders wird dieß bei Schönlein gewesen sein, der zwischen 1819 und 1824 drei Mal über dieses Fach vortrug, und bei Hergenröther und Jäger, die zwischen 1823 und 1826 dasselbe vertraten, immerhin war die Zeit noch nicht gekommen, in der dieser Theil der medicinischen Studien eine größere Rolle spielte, obgleich allerdings in Betreff der klinischen Sectionen von Schönlein hinreichend bekannt ist, welchen großen Werth er auf dieselben legte.

Im Jahre 1824 vertauschte Döllinger seinen Wirkungskreis in Würzburg mit einem neuen in München und trat bald Heusinger an seine Stelle. Carl Friedrich Heusinger[1]), geb. 1792 in Farnroda in Thüringen als Sohn eines Geistlichen, studirte von 1809—1812 in Jena, wo er besonders an Oken, den berühmten Naturphilosophen, sich anschloß und vor Allem mit vergleichender Anatomie und mit Physiologie sich beschäftigte. Nachdem er am 21. März 1812 promovirt hatte, wandte er sich nach Göttingen, um theils theoretischen, theils practischen Studien der mannigfachsten Art obzuliegen, die jedoch, gerade als sie im besten Gange waren, durch das Befreiungsjahr 1813 unterbrochen wurden. Heusinger wurde Militärarzt, in welcher Stellung er die mannigfachsten Schicksale erfuhr, die sehr lebhaft an unsere jetzigen Zeiten erinnern, und 6 volle Jahre in Frankreich verlebte. Da Heusinger seine Zeit im Felde wohl verwerthet und sogar in Thionville seine erste Schrift über die Milz dem Drucke übergeben hatte, erhielt er bald nach seiner Rückkehr im Jahre 1821 einen Ruf nach Jena und übernahm nach Oken's Entlassung dessen anatomisch-physiologische Vorlesungen. Im Jahre 1824 siedelte er nach Würzburg über und beginnt nun für ihn eine Zeit regen selbständigen Schaffens, das auch der medicinischen Facultät vielfältig zu Gute kam.

---

[1]) Siehe die Biographie von Heusinger bis zum Jahre 1830 nach autographischen Mittheilungen in Dr. K. W. Justi's Hessischer Gelehrtengeschichte vom Jahre 1806—1831, Marburg 1831, pg. 220.

Im Allgemeinen setzte Heusinger die von Döllinger so glänzend begonnene Thätigkeit aufs rühmlichste fort und las Histologie, Anatomie, Physiologie, Anthropologie, pathologische Anatomie und leitete die anatomischen und zootomischen Uebungen, doch legte er mehr Gewicht auf Histologie und pathologische Anatomie, als es Döllinger gethan hatte. In Einem Punkte übertraf er jedoch Döllinger weit und zwar in seinen Bemühungen um die ihm unterstellten Museen. Heusinger verstand es, Hessel bach jr., der noch bis zum Jahre 1828 die Prosectorstelle bekleidete, seine richtige Stellung anzuweisen und hatte somit freie Hand auf der Anatomie, für die er 1825 schon lange im Plane liegende neue Statuten erwirkte und neue Umgestaltungen vorschlug, die jedoch in der kurzen Zeit seines Wirkens in Würzburg nicht ins Leben treten sollten. Nichtsdestoweniger brachte er die vor ihm fast unbenutzbare Sammlung in einen bessern Stand und bethätigte sein Interesse an der Anstalt auch durch einen besonderen Bericht[1]), der die Beschreibung wichtiger pathologisch-anatomischer Präparate und vortreffliche Bemerkungen über krankhafte Gewebsbildungen und Neubildungen enthält. Noch viel eingreifender war seine Thätigkeit im Gebiete der vergleichenden Anatomie, die, wie bei Döllinger, so auch bei ihm eine Hauptrolle spielte, und gelang es ihm, eine besondere zootomische Anstalt zu begründen, für welche das Gebäude der Veterinäranstalt überwiesen wurde. In den wenigen Jahren seines Verweilens in Würzburg brachte Heusinger diese Anstalt auf einen bemerkenswerthen Grad der Vollkommenheit, so daß sie schon im ersten Jahre, freilich einem guten Theile nach durch Schenkungen von ihm selbst, dann durch Arbeiten des Vorstandes, des sehr fleißigen damaligen Prosectors Dr. Leiblein (Prosector von 1825—1830) und mehrerer Schüler 313 normale und über 200 pathologische Präparate von Thieren zählte und 1828 bei seinem Weggange 825 größtentheils ganz ausgezeichnete Stücke enthielt[2]). Auch diese Anstalt hat Heusinger in einer besonderen

---

[1]) Erster Bericht von der k. anthropotomischen Anstalt zu Würzburg für das Schuljahr 1824/25, Würzburg 1826.
[2]) S. Kölliker, zweiter Bericht von der zool. Anstalt in Würzburg, Leipzig 1849.

Arbeit[1]) beschrieben, der mehrere ausgezeichnete wissenschaftliche Abhandlungen beigegeben sind.

Im Frühjahre 1829 folgte Heusinger einem Rufe nach Marburg und kam 1829/30 die Professur der Anatomie und vergleichenden Anatomie an Münz, den früheren Prosector Tiedemann's in Landshut, in dessen Händen sie volle 20 Jahre bis zum Sommer 1849 verblieb. Ein Anatom von der alten Schule, war Münz den neueren Erwerbungen der Wissenschaft, wie sie an der Hand der vergleichenden Anatomie, Physiologie, Entwicklungsgeschichte und mikroskopischen Anatomie sich aufzubauen begannen, fast ganz fremd geblieben und da er auch in der descriptiven Anatomie nur nebenbei als Forscher thätig war, blieb sein Hauptaugenmerk auf einen guten Vortrag der Anatomie, die Leitung der Secirübungen und die Conservirung und Vermehrung der Sammlungen gerichtet, in welcher Beziehung er auch Anerkennenswerthes leistete[2]). Die anatomische Anstalt erlitt unter seiner Vorstandschaft noch einige Aenderungen, unter denen vor Allem der Anbau eines besonderen Saales für klinische Sectionen und eine neue Einrichtung des Hörsaales hervorzuheben ist[3]) und finden sich von Münz auch einige kurze Be-

---

[1]) Erster Bericht von der k. zootomischen Anstalt in Würzburg für das Schuljahr 1824/25. Würzburg 1826.

[2]) Die anatomische Sammlung zeigte nach Heusingers Abgang 1305 Präparate, und zwar 361 normale und 944 pathologische (f. Ringelmann l. a. c. St. 67) und hatte somit weniger als im Jahr 1819/20 (f. oben), was wohl nur dadurch zu erklären ist, daß Heusinger vieles Alte und unbrauchbar Gewordene beseitigt hatte. Im Jahre 1835 war die Zahl auf 1786 gestiegen mit 450 normalen und 1336 pathologischen Stücken. Hierzu kam dann noch die im Jahre 1834 angekaufte Sammlung des Medicinalrathes Brünninghausen von Harn- und Gallensteinen und pathologischen Knochen mit 214 Nummern, so daß die Gesammtzahl der Präparate auf 2000 sich belief. Die vergleichend-anatomische Sammlung hatte Münz übernommen mit 924 Nrn. Im Jahre 1835 zählte dieselbe 1405 und 1849 1748 Präparate. Die Prosectoren von Münz waren Gottfried von Siebold (Sohn von Barthel von Siebold und Prosector an der Anatomie von 1820 bis 1864) und Dr. Feigel (zootomischer Prosector von 1830—1848), von denen namentlich der letztere durch seinen chirurgischen Atlas, der die Abbildungen Heine'scher Präparate enthält, bekannt geworden ist.

[3]) Vergl. Dr. A. F. Ringelmann, Beiträge zur Geschichte der Universität Würzburg in den letzten 10 Jahren, Würzburg 1835 St. 66.

richte über die anatomischen Anstalten in der Salzburger med.=chir. Zeitung von 1834 und 1835.

Ebensowenig als Münz seinen Vorgängern Döllinger und Heusinger ebenbürtig genannt werden kann, waren es auch die gleichzeitig mit ihm lehrenden Vertreter der Physiologie, von denen C. R. Hoffmann und J. B. Friedreich dieselbe nur als Nebenfach behandelten, während Hensler durch Vertiefung in die Sphäre des thierischen Magnetismus sich die Möglichkeit weiterer Fortschritte abschnitt [1]).

So war nach den glänzenden Leistungen in diesem Gebiete während der ersten 3 Decennien dieses Jahrhunderts wieder ein bedauernswürdiger Stillstand eingetreten, der umsomehr auffallen mußte, als die praktischen Fächer in den Händen ausgezeichneter Lehrer sich fanden. Doch fehlt es auch in dieser Zeit im Gebiete der Anatomie und Physiologie nicht an Lichtblicken und denkt Jeder, der die Geschichte unserer medicinischen Facultät kennt, mit Befriedigung an die Thätigkeit eines Mohr und B. Heine zurück.

B. Mohr war der erste Lehrer an unserer Universität, der die pathologische Anatomie als alleiniges Nominalfach vertrat und beginnt mit ihm Würzburg auch nach dieser Seite würdig den Bestrebungen der andern deutschen Universitäten sich anzuschließen. Mohr war in der Schule der practischen Medicin aufgewachsen und da seine Studienzeit in eine Periode fiel, in der die großen Errungenschaften des Mikroskops noch nicht begonnen hatten, ihren Einfluß auf alle anatomischen Disciplinen auszuüben, so betrieb er auch die pathologische Anatomie mehr mit Hinsicht auf die Bedürfnisse des Klinikers, denn als selbständige Wissenschaft. Auch blieb er während der ganzen Zeit

---

[1]) Hier wäre auch der Ort, der Leistungen unserer Universität im Gebiete der Naturgeschichte in den ersten Decennien unseres Jahrhunderts zu gedenken. Zeit und Raum verbieten jedoch ein näheres Eingehen und erwähne ich daher nur die Gründung eines naturhistorischen Cabinetes im Jahre 1804 durch die Erwerbung der Sammlung des Conventualen der Minoriten Plank, welches dann, durch viele andere Ankäufe bereichert, im Jahre 1830 in eine mineralogische und zoologische Abtheilung zerfällt wurde. Für weitere Nachrichten in Betreff dieser Museen, der Sternwarte und der physicalischen, chemischen und botanischen Institute verweise ich auf das oben angeführte Werk von Ringelmann pg. 36—54.

seiner academischen Thätigkeit (er trat 1839 als Privatdocent auf und wurde 1842 Professor der pathologischen Anatomie), der speziellen Pathologie treu und las jedes Jahr neben pathol. Anatomie und Anleitung zu klinischen und gerichtlichen Leichenöffnungen auch Collegien aus dem Gebiete des genannten Faches. Im übrigen war die Zeit seines Wirkens eine zu kurze, (er starb im Winter 1848/49), als daß er ganz sich hätte entfalten können, nichtsdestoweniger hat er das große Verdienst, der path. Anatomie bei uns eine selbstständige Stellung gegeben und die praktische Seite derselben, die in neuerer Zeit oft nur zu sehr in den Hintergrund tritt, mit großem Eifer und Glück vertreten zu haben.

Der zweite bedeutende Forscher der angegebenen Zeit, Bernhard Heine, hat nicht nur durch die großartige Erfindung des Osteotoms (1830) und andere chirurgische Bestrebungen seinen Namen verewigt, sondern auch durch seine Versuche und Präparate über die Wiedererzeugung der Knochen eine ganz neue Bahn gebrochen und der Physiologie und praktischen Medicin große Dienste geleistet. Die Universität verlieh Heine im Jahre 1838 den Titel eines Professor honorarius, von welcher Zeit an er regelmäßig Uebungen mit dem Osteotome und Vorlesungen über die Regeneration der Knochen ankündigte. Im Jahre 1844 wurde er ordentlicher Professor der Experimentalphysiologie, doch konnte er körperlicher Leiden halber keine ausgedehntere akademische Thätigkeit mehr entfalten und starb 1846 im Alter von 46 Jahren in der Schweiz in der Nähe seines Freundes Demme. Heine's Sammlung zur Erläuterung der Regenerationserscheinungen der Knochen wurde dem Wunsche ihres Gründers entsprechend von seiner Wittwe der Universität geschenkt und ist jetzt eine Zierde der anatomischen Sammlung[1]). Einzig in

---

[1]) Ueber die Präparate von Heine ist Folgendes veröffentlicht:
a) Dr. B. Heine, über die Wiedererzeugung neuer Knochenmasse und Bildung neuer Knochen im Journal für Chirurgie und Augenheilkunde von Gräffe und Walther 1836 Bd. XXIV. S. 513—527.
b) Hummel, über Resection im Schultergelenke. Würzburg 1832. 4°. Diss.
c) Oppheimer, über Resection im Hüftgelenk. Würzburg 1840, 8°. Diss.
d) Feigel, Chir. Bilder. Würzburg 1851. Die Tafeln XXVI—XXXIV enthalten Abbildungen der Heine'schen Präparate und S. 407—503 von Heine selbst herrührende Erklärungen derselben.

ihrer Art hat dieselbe im Jahre 1838 Heine den großen physiologischen Preis der Pariser Akademie erworben, nachdem er schon zwei Jahre vorher den chirurgischen Preis für das Osteotom erhalten hatte. Auch jetzt noch erweist sich dieselbe immer aufs neue als Fundgrube und Basis für die Erforscher dieses Gebietes und ist namentlich in neuerer Zeit mehrfach von französischen Autoren als solche verwerthet worden.

Endlich erlaube ich mir noch zwei andere Erscheinungen derselben Zeit anzuführen, obschon sie vielleicht nicht ganz in den Rahmen des mir gesteckten Zieles passen. Die eine ist die Gründung eines mikroskopisch-physiologischen Institutes durch den jetzigen Senior der medicinischen Facultät, Hofrath Rinecker. Obschon den praktisch-medicinischen Fächern zugewendet, hatte derselbe doch die obwaltenden Mängel in den theoretischen Gebieten richtig erkannt und begann schon im Jahre 1842 von schönen Erfolgen begleitete Anstrengungen, um auch dem Mikroskope und dem physiologischen Experimente bei uns eine Stätte zu schaffen, die er bis zum Jahre 1847 fortsetzte. Zweitens möchte ich an diesem Orte noch die Erinnerung an einen Forscher wachrufen, der, wenn er auch nicht der Universität als Lehrer angehörte, doch derselben einen Theil seiner Bildung verdankt und bei uns als Schriftsteller aufgetreten ist. Es ist dieß Dr. Johann Nepomuk Eberle, der, nach der Abfassung eines Epoche machenden Werkes über die Verdauung, noch nicht 37 Jahre alt der Wissenschaft entrissen wurde[1]).

An der Schwelle der Neuzeit angelangt, möge es mir nun noch erlaubt sein, einen Blick nicht auf die Personen, wohl aber auf die Fortschritte unserer

---

[1]) Das 4 Jahre nach dem Tode Eberle's erschienene Werk führt den Titel: Physiologie der Verdauung nach Versuchen auf natürlichem und künstlichem Wege, Würzburg 1838 bei Ettlinger. Eberle ist der Entdecker des künstlichen Magensaftes und der Einwirkung des Bauchspeichels auf Stärke und auf Fett (s. vor allem pg. 76 flgd., pg. 244 und 251). Eberle wurde geboren am 27. Januar 1798 in Buch in Vorarlberg und starb den 18. Dec. 1834 in Würzburg, wo sein Grabstein auf dem städtischen Leichenhofe zu sehen ist, den vor Kurzem die physik.-med. Gesellschaft restauriren ließ. Ueber Eberle's Leben kann ich nur das mittheilen, daß er in den Semestern 1830/31 und 1831 als Mediciner in unsern Personalverzeichnissen steht, dagegen habe ich im Matrikelbuche seinen Namen nicht gefunden. Seine Untersuchungen scheint er, der Vorrede seines Werkes zufolge, selbstständig und aus eigenen Mitteln vorgenommen zu haben.

Institutionen in den letzten Decennien zu werfen. Unsere Zeit ist im naturhistorisch-medicinischen Gebiete eine Zeit der Forschung und der Entwicklung, wie noch keine je vorhanden war. Eine Entdeckung verdrängt die andere, Methoden, Apparate, Instrumente ziehen in raschem Wechsel an uns vorüber und gelangen zu immer größerer Vollkommenheit. Das Mikroskop, der Multiplicator, die graphischen und messenden Apparate, das Schleppnetz, die Photographie führen uns in die verborgensten Tiefen der organischen Welt und halten ihre zartesten Formen fest. Der Augenspiegel, das Laryngoscop und das Thermometer, der Sphygmograph und der Spirometer decken die geheimsten Abweichungen der Lebensvorgänge auf, Hunderte neu entdeckter Arzneistoffe, die Galvanocaustik, die subcutanen Injectionen, die Electricität beseitigen sie. Das Telescop, die thermo- und magneto-electrischen Apparate, das Spectroscop machen die weitesten Fernen und das feinste Spiel der Molecüle unserem Blicke zugängig und verständlich. — In diesem allgemeinen Ringen nach Erkenntniß haben die Universitäten nicht nur mit den Fortschritten der Wissenschaft Schritt zu halten, vielmehr ist ihre eigentliche Aufgabe die, diese Fortschritte zu begründen, zu leiten, in neue Bahnen zu lenken; und so sehen wir denn, dieser Signatur der Neuzeit entsprechend, an unsern Hochschulen überall neue Anstalten, verbesserte Einrichtungen, verfeinerte Lehr- und Lernmethoden entstehen. Auch wir sind dieser Forderung in reichem Maße nachgekommen und wenn uns auch noch Manches zu wünschen übrig bleibt, so können wir doch mit Befriedigung auf das schon jetzt Geleistete blicken und dürfen sogar ohne Unbescheidenheit uns die Behauptung erlauben, daß Würzburg in Manchem andern Universitäten vorangegangen ist und denselben als Vorbild gedient hat. — Neu errichtet wurden in unsern Tagen die Anatomie für die anatomisch-physiologischen Disciplinen, die Entbindungsanstalt, ein chemisches Laboratorium, der botanische Garten mit einem besonderen botanischen Institute. Reich vermehrt und zum Theil neu begründet erscheinen die Museen für normale, pathologische, vergleichend-anatomische und mikroskopische Anatomie, das physicalische Cabinett, die mineralogisch-geologischen, die zoologischen und botanischen Sammlungen. Zu eigenen

Untersuchungen und Arbeiten endlich finden die Studirenden in den practischen Instituten, die mit allen den genannten Museen und Cabinetten verbunden sind, die beste Gelegenheit. — Je reicher nun aber die Hülfsmittel für das Forschen fließen, und je mehr das Gebiet der Entdeckungen und die Möglichkeit, sich an denselben zu betheiligen, sich vergrößert, um so bestimmter erwächst auch für Lehrer und Lernende die Nöthigung, über den Einzelnheiten das Ganze nicht aus den Augen zu verlieren. Nicht das Entdecken wenn auch noch so wichtiger Thatsachen, auch nicht die practische Verwerthung derselben ist das Endziel der Wissenschaft, sondern die Verknüpfung und Zusammenfassung der einzelnen Erfahrungen und die Erkenntniß der ewigen und unabänderlichen Gesetze der gesammten Schöpfung und lehrt uns gerade die Neuzeit durch das Gesetz der Erhaltung der Kraft und die neuen Generationstheorieen, was der Geist des Menschen auch nach dieser Seite zu vollbringen im Stande ist. Und so wollen auch wir, dieses großen Endzieles eingedenk, stets das Ganze im Auge behalten und alle unsere Bestrebungen in diesen Einen Brennpunkt zusammenleiten.

Eine genauere Darstellung der neueren Errungenschaften und Leistungen unserer Universität wäre nun wohl eine dankbare Aufgabe. Da jedoch der selbst mit in der Bewegung Stehende nicht ganz geeignet erscheint, vorurtheilsfrei über dieselben zu urtheilen, so überlassen wir dieß einer späteren Zeit und schließen mit der Darbringung unseres besten Dankes an das Königliche Geschlecht der Wittelsbacher, welches nun schon durch 4 Generationen der Universität seine warme Theilnahme hat angedeihen lassen und würdig in die Fußstapfen des großen Julius und vieler seiner Nachfolger getreten ist. Was Max Joseph und Ludwig I. so trefflich begonnen, haben Maximilian II. und sein edler Sohn Ludwig II. kräftig weiter geführt und so wagen wir zu hoffen, daß Würzburg's Universität noch lange blühen und gedeihen werde der deutschen Wissenschaft zur Ehre und zum Wohle des bayerischen Landes.

Zu den Erlebnissen unserer Hochschule während des verflossenen Jahres übergehend, wendet sich unwillkürlich der Blick eines Jeden auf die erschütternden Ereignisse der zweiten Hälfte desselben. Wo nur immer die deutsche Zunge klingt und deutsche Bildung und Gesittung herrscht, machen sich in dem welthistorischen, jetzt entbrannten Kampfe die wärmsten Sympathien für die Sache geltend, für die das deutsche Volk das Theuerste einsetzt. Auch wir Alle, Lehrer wie Lernende sind diesem Zuge nationalen Gefühles gefolgt; doch geziemt es uns auch, als Vertreter der Wissenschaft und friedlicher geistiger Arbeit, die das Gemeingut Aller ist, hier offen zu bekennen, daß die germanischen Völker von einem Stammeshasse gegen die romanischen Nationen nichts wissen und von jeher alles Große, was diese in Kunst und Wissenschaft hervorgebracht, offen anerkannt haben.

Von unseren Universitätsangehörigen nahmen eine große Zahl Studirender theils als Freiwillige am Kampfe Theil, theils widmeten dieselben als Aerzte den Verwundeten und Kranken ihre Hülfe. In der letzten Richtung wirkten auch viele Lehrer der medicinischen Facultät und zwar die Herren Professoren v. Linhart, v. Tröltsch, Dehler und v. Welz, die Privatdocenten v. Franqué, Peter Müller, Roßbach, Helfreich, Köster und Eimer, dann Prosector Dr. Hasse. Andere Docenten erwarben sich als Führer von Sanitätszügen oder als Leiter des Sanitätswesens Verdienste, wie die Professoren v. Held, Dahn, Semper und Kundt und Privatdocent Dr. Gareis.

Aber auch diejenigen, die nicht im Felde thätig sein konnten, thaten jeder in seinem Gebiete Alles, was nur möglich war, um die Leiden des Krieges zu mildern.

Leider erlitt die Universität auch schmerzliche Verluste. Einer unserer Collegen beweint seinen einzigen Sohn und mehrere unserer hoffnungsvollsten jüngeren Commilitonen sind in dem blutigen Ringen erlegen. Ehre und Dank ihnen Allen! Den Ueberlebenden aber möge der Trost nicht fehlen, daß die Opfer nicht umsonst waren und daß des deutschen Volkes Freiheit mit der Einheit als Preis derselben erstehen wird. —

Der Lehrkörper unserer Universität erlitt folgende Veränderungen.

Im Frühjahre 1870 trafen die neu berufenen Professoren Dr. August Kundt und Dr. Adolf Strecker bei uns ein und eröffneten im Sommersemester ihre Vorlesungen.

Befördert wurden in der medicinischen Facultät der außerordentliche Professor Dr. Aloys Geigel zum ordentlichen Professor der Poliklinik und Hygiene und in der philosophischen Facultät der Privatdocent Dr. Martin Schanz zum außerordentlichen Professor.

Zu Privatdocenten wurden ernannt die Dr. Dr. Friedrich Helfreich, August Stöhr und Theodor Eimer.

Neue Fächer erhielten zugetheilt:
1) der ordentl. Professor Fr. v. Recklinghausen die allgemeine Pathologie,
2) der außerordentl. Professor Abalbert Dehler die gerichtliche Medicin,
3) der ordentl. Professor Carl Semper die vergleichende Anatomie bei Gelegenheit der Ablehnung eines sehr ehrenvollen Rufes nach Göttingen.

Den neuen vielversprechenden Erwerbungen gegenüber hat die Universität im verflossenen Jahre freilich auch mehrere Verluste zu beklagen. Prof. Dr. Stubenruuh aus der philosophischen Facultät folgte einem Rufe an die Universität Greifswalde, während der Privatdocent derselben Facultät Dr. Adam Eußner seine Stellung mit der eines k. Studienlehrers an der Studienanstalt zu Eichstädt vertauschte. Ferner schied aus unserer Mitte der zum k. Bezirksarzte I. Klasse und k. Brunnenarzte in Kissingen ernannte Privatdocent Dr. Otto v. Franqué. — Allen diesen Collegen folgt der Ruf erfolgreichen und treuen Wirkens und werden ihre Namen bei uns in dankbarer Erinnerung leben.

Auszeichnungen und wissenschaftliche Ehren sind zu Theil geworden folgenden Herren:
1) dem ordentlichen Professor Dr. Felix Dahn und

2) dem ord. Prof. Dr. Fridolin Sandberger die Ernennung zu correspondirenden Mitgliedern der k. b. Akademie der Wissenschaften in München;
3) dem ord. Prof. Dr. Friedr. Albert Köppen das Ritterkreuz I. Kl. des k. b. Verdienstordens vom hl. Michael;
4) dem ord. Prof. Hofrath Dr. Joseph v. Helb, und
5) dem außerord. Prof. Dr. Adalbert Oehler das eiserne Kreuz 2. Kl. mit dem weißen Bande;
6) dem ord. Prof. Dr. A. Kölliker das Ritterkreuz des Verdienstordens der bayer. Krone.

Die Frequenz der Universität im verflossenen Jahre war folgende:

	Theolog.	Jurist.	Cameral.	Forstcand.	Medicin. (incl. Chemik.)	Pharmac.	Philos. u. Philol.	Inländer	Ausländer
Winter-Semester 1869/70.	75	121	8	3	328	13	104	56 112 1 3 128 12 89 401	19 9 5 . 200 1 15 249
								Summa 650	
Sommer-Semester 1870.	83	114	4	3	351	13	112	58 109 1 3 124 13 92 400	25 5 3 . 227 . 20 280
								Summa 680	

Promotionen fanden statt:
1) in der theol. Facultät 1;
2) in der staatsw. Facultät 1;
3) in der medicinischen Facultät 47, und zwar 18 von Inländern und 29 von Ausländern;
4) in der philosophischen Facultät 1;

zusammen 50.

Zum Schlusse habe ich noch zu verkünden, daß von den im Jahre 1870 gestellten Preisfragen die der theologischen, juristischen und medicinischen Facultät Bearbeitungen erfahren haben.

I. Die theologische Facultät hatte folgendes Thema gegeben:

„Kritische Geschichte der Unionsverhandlungen zwischen Katholiken und „Protestanten bis zum Ende des vorigen Jahrhunderts."

Die hierüber unter dem Motto:

„In necessariis unitas, in dubiis libertas, in omnibus caritas" — eingelaufene Bearbeitung beurtheilt die Facultät dahin, „daß sie ebenso durch „kritischen Scharfsinn und wohlgeordnete Darstellung, als durch eifriges „Studium der Quellen und verständige Benützung der einschlägigen Litera-„tur als des Preises würdig sich empfehle."

Verfasser ist: J. F. Contzen.

II. Die Juristen-Facultät hatte für das Jahr 1869/70 folgende Preisaufgabe festgestellt:

„Darstellung der Lehre vom Pflichttheil nach fränkischem Landrecht „unter Rücksichtnahme auf die Abweichungen von den Bestimmungen des „römischen Rechtes."

Dieses Thema hat zwei Bearbeitungen erfahren:

Die erste Arbeit lief ein unter dem Motto:

„Inter provincias, quae patrii juris incorrupte servati, sibi prae cete-„teris vindicant locum, haud ultimum tenere Franconiam nostram, nemo „est qui nosciat."

Schneidt f. 1513.

Nach dem Urtheile der Facultät ist in dieser Bearbeitung das aufgestellte Thema nicht nach allen nothwendig zu beobachtenden Richtungen behandelt und erschöpft, die darin enthaltene Erörterung des römischen Rechts ungeeignet, auch die Darstellung, anderweite Mängel ungerechnet, vielfach nicht frei von abschweifenden Raisonnements; es kann ihr daher der Preis nicht zuerkannt, wohl aber in Würdigung des darin bewährten Fleißes, der Selbständigkeit und auch, insoweit der vorerwähnte Fehler nicht Platz greift, der Klarheit der Darstellungsweise dem Verfasser eine öffentliche Belobung ertheilt werden. Verfasser ist: Cand. juris nun Rechtspracticant Fr. Rosenthal.

Die zweite Arbeit, welche das Motto trägt:

„Die geschriebenen Recht sollen wider die Landtsbreuch nit statthaben", zeugt zwar von großem Fleiße, welchen der Verfasser darauf verwendet hat; da jedoch das vorgesetzte Thema nicht erschöpfend behandelt, die gebotenen Materialien nicht mit gehöriger Selbständigkeit benützt, vielmehr nur eine sogar der entsprechenden Systematisirung entbehrende, bloße Zusammenstellung derselben geliefert wurde, so konnte diese Abhandlung als der gestellten Aufgabe genügend nicht befunden werden.

III. Die medicinische Facultät hatte folgendes Thema aufgestellt:

„Experimentelle und klinische Untersuchungen über die Entstehung des „ersten Herztones mit besonderer Berücksichtigung der neuesten Ansichten „von Ludwig und Dogiel,"

welches eine Bearbeitung mit dem Motto erfahren hat:

„Kaum möchte in der Physiologie noch ein Capitel zu finden sein, „welches mehr bearbeitet, ohne großen Erfolg und reicher an Controversen „mit wenig Aussicht zu einer endlichen Lösung sein möchte. Es gibt auch „keinen Punkt auf diesem Felde, der nicht nur bestritten, sondern nicht auch „auf die allerentgegengesetztesten Weisen erklärt würde." Kürschner.

Das Urtheil der Facultät über diese Bearbeitung lautet folgendermaßen:

„Da der Verfasser nur den einen Theil der gestellten Aufgabe bear= „beitet, den anderen nicht berücksichtigt hat, die aus den vorgenommenen „Experimenten gezogenen Schlüsse und jene selbst mehrfache Einwendungen

„gestatten, jedenfalls der fragliche Gegenstand dadurch keineswegs endgültig
„entschieden ist, — so sieht sich die medicinische Facultät außer Stande,
„die unter dem Motto: „Kaum möchte in der Physiologie noch ein Capitel
„zu finden sein ꝛc. ꝛc. —" eingelaufene Arbeit als vollkommen preiswürdig
„zu erklären, jedoch soll in Berücksichtigung des in derselben sich kund ge=
„benden ernsten wissenschaftlichen Strebens nach Lösung eines schwierigen
„Problems auf dem Wege des Experiments dem Verfasser eine öffentliche
„Belobung und zugleich das Recht zuerkannt werden, sich bei der Facultät
„bezüglich unentgeltlicher Ertheilung des Doktorgrades zu melden."

Verfasser ist: Cand. med. Emil Bloch von Emmendingen in Baden.

Die für das Jahr 1870/71 von den Facultäten aufgestellten Preisauf=
gaben sind:

I. Von Seite der theologischen Facultät:

„Welches ist der Begriff der Katholicität."

II. Von Seite der Juristen=Facultät:

„Historisch dogmatische Darstellung der gemeinrechtlichen Lehre von
„der Verbrechensconcurrenz und vom fortgesetzten Verbrechen —
„mit Kritik der neueren Theorien und mit Berücksichtigung der
„deutschen Strafgesetzgebungen seit 1813".

III. Von Seite der staatswirthschaftlichen Facultät:

„Eine historische und kritische Darlegung der verschiedenen Bierbesteuer=
„ungsmethoden mit besonderer Berücksichtigung des im Königreiche
„Bayern geltenden Malzaufschlages."

IV. Von Seite der medicinischen Facultät:

„Anführung aller seit der Einführung der Ligatur durch Paré empfoh=
„lenen mechanischen Blutstillungsmittel bei verletzten Arterien bis
„auf die neueste Zeit mit kritischen Bemerkungen."

V. Von Seite der philosophischen Facultät:

„Die Entwickelung der Lehre von der Dissociation nach den vorliegen-
„den Untersuchungen."

Die Frist zur Einreichung der Concurrenz-Arbeiten bei den Decanaten der betreffenden Facultäten endigt mit dem 15. Oktober 1871.

Das Kampffeld ist somit auch für dieses Jahr wieder aufgethan und hoffen wir, daß unsere Jugend auch im wissenschaftlichen Ringen dem deutschen Namen Ehre machen werde.

Beilagen.

Beilage 1.

Statutorum Medicae Facultatis
in Academia Wirtzeburgensi
de Anno 1587

Copia Vidimata.*)

Reverendissimus et Illustrissimus Princeps ac Dominus, Dominus Julius, Episcopus Wirtzeburgensis, et Franciae Orientalis Dux Cum bonas literas et artes liberales non solum summo amore et ferventi studio prosequeretur, verum etiam singulari intentione omnium et singularum Facultatum ordines in Academia hac constitueret, easque de causa novas leges Academicas ad singularum Facultatum statuta condenda ac Confirmanda animum adjecisset, illud quoque pro singulari sua Providentia, ac in Medicam Facultatem benevolentia minime omittendum ratus est, ut ejus quoque, sicut aliarum leges et statuta constituerentur, in morem aliarum optime constitutarum Academiarum: Quo magis Igitur studio Medico suae essent leges, et, quibus nulla societas humana carere potest, Constitutiones particulares: neve ab universo Corpore, ac reliquis membris separatum sit Medicinae studium aut anomalum: neve aliquid integritati hujus novae scholae Universalis studij Academici deesse videretur, Reverendissima ejus Celsitudo ad augmentum, Consolidationem ac Conservationem hujus quam maxime necessarij, ac humano generi accommodatissimi studij ad Exemplum aliarum bene Constitutarum Academiarum, ea, quae sequuntur sua Auctoritate approbavit, Confirmavit, eademque ita grata et rata haberi et observari jussit.

*) Von diesen ältesten nirgends veröffentlichten Statuten enthält das Archiv der medizinischen Fakultät eine Abschrift, welche der Fürstbischof Johann Philipp von Greiffenclau nach dem Originale einfertigen ließ und am 14. März 1713 durch eigenhändige Unterschrift und beigefügtes Siegel beglaubigte. Als Anhang sind diesen ältesten Statuten Zusätze beigefügt, die z. Th. bestimmt von dem genannten Fürsten herrühren, z. Th. von den Professoren der damaligen Zeit zusammengestellt worden zu sein scheinen, wie bereits hervorgeht, daß Einer derselben, Philipp Wilhelm Birbung ob Hartung, selbstredend eingeführt ist. — Wo das Original der ältesten in getreuer Copie hier mitgetheilten Statuten sich findet und ob dasselbe überhaupt noch existirt, ist hierorts unbekannt.

Außer diesen Statuten sind auch noch solche aus dem Jahre 1610 vorhanden, von denen J. v. Scherer in seiner oben citirten Rectoratsrede einen Auszug mitgetheilt hat. Nach Scherer soll das Original derselben im Archive des hiesigen historischen Vereines sich finden, es war mir jedoch trotz der Unterstützung des Hrn. Registraturrathes Heffner, des Conservators des genannten Vereines, unmöglich dieselben aufzufinden und konnte ich diese Statuten nur aus einer im Archive des Senates befindlichen Abschrift. Dieselben weichen in Manchem von den Statuten von 1587 ab, in welcher Beziehung das Wesentlichste bei Scherer mitgetheilt ist.

Leges et Statuta Inclytae Facultatis Medicae in Academia Nova Wirtzeburgensi.

I.
De Senatu Collegij Medici.

Collegium Medicum certum Consilium et senatum habeat, cuius caput Decanus sit, reliqua vero membra Doctores vel Licentiati, rite et solenniter in Medica Facultate Promoti, omnes Catholicae religionis, et Universitati Collegioque Medico inscripti, ac juramento consueto obstricti. Habeat autem senatus communem Cistam in loco Concilij Universitatis ponendam, in qua custodiantur Matricula Medicorum, Privilegia communia, Statuta, Sigillum, Acta, marsupium cum pecunia fisci, rationes accepti, et expensi, et alia, cujus claves habeat pro tempore Decanus, et is, qui proximo anno eundem Magistratum gessit, et senior in Facultate.

II.
De Electione Decani.

Facultatis Medicae Decanus eligatur singulis annis, post sacrum in ipso festo Divi Lucae celebrandum, in loco senatui Medico deputato, per Doctores et Licentiatos in Senatum receptos; Quodsi contingat electum Decanum extra Wirtzburgum migrare, senatus tum alium ex Collegio substituat, qui anni reliquum administret officium.

III.
De Juramento, Officio et Emolumento Decani.

Ego N. N. juro iam electus Facultatis Medicae Decanus, quod in officio Decanatus mei fideliter, et diligenter, quantum in me est, omnia negotia ad Facultatem Medicam spectantia curaturus et administraturus sim; Secreta facultatis non revelabo, et quaecunque in arca Facultatis sunt, bona fide custodiam, et post tempus officij mei elapsum de singulis acceptis et expensis rationes fideles reddam, et mihi concredita citra fraudem et dolum restituam, sic me Deus adjuvet, et haec sancta Evangelia.

Decanus iam Electus jurisdictionem omnimodam habeat in omnes Medicae Facultatis Doctores, Licentiatos et studiosos in rebus et factis ad Medicam Facultatem pertinentibus, idemque Decanus in Processionibus, sessionibus, et alijs tam Universitatis, quam facultatis Medicae conventibus publicis vel privatis omnes Doctores Medicos praecedat.

Potest etiam cuicunque petenti — cum scitu senatus — Testimonium scriptum, et sigilli Facultatis roboratum appensione de honoribus in facultate Medica collatis dare, et de his duos florenos poscere, pro fisco alterum, et sibi alterum reservando; Ideoque Decanus in Actuum librum diligenter conscribat Promotionum Facultatis tempus anni et mensis, nomen et gradum, sicut etiam de receptionibus fieri debet, ut, cum opus fuerit, unicuique fides de supradictis efficax fieri possit.

Decano debentur duo floreni in Promotionibus licentiandorum de ijs pecunijs, quae à Promovendis numerabuntur in manus Decani; Reliqui floreni aequaliter inter Professores duntaxat distribuantur.

Officium porro Decani est semel in Anno, ipso Divi Lucae festo statuta Medica publice ex Cathedrâ promulgare, deinde in honorem Dei et observantiam Divi Lucae Evangelistae et Medicorum Patroni in sacello Universitatis sacrum procurare.

Debet etiam Doctorum congregationes per pedellum facere, quoties vel necessitas, Utilitas, vel commoditas postulabit, pro negotijs Facultatis expediendis, in loco deputato, atque ibi de rebus articulos proponere, vota colligere, concludere, et majori parti, vel in aequalitate et Concursu rationabiliori adhaerere, aut in maturiorem deliberationem sententiam differre, Sententias latas et Conclusiones coram senatu, si opus est, aperire et referre.

Quod si contingat Decanum extra Urbem proficisci, ut die eodem non revertatur, vices suas interim alij cuidam ex senatu Doctori propter casus improvisos, qui accidere possent, committat.

Ordine assumendus est, qui disputationibus publicis aut septimanarijs praesideat, Decanus tamen in ijsdem sicut in alijs actibus facultatis omnia ista moderabitur, ut citra insolentiam, jurgia et contumelias modeste et dextro gerantur et finiantur.

IV.
De Officio et Emolumento Doctorum Qui sunt de Senatu Medico.

Horum erit Decano pro tempore existenti obedientiam et reverentiam, ut et ejus successoribus exhibere, Quidquid etiam Decanus cum majori parte convocati Consilij, in actibus et Causis Facultatis Medicae concluserit, id observari ab omnibus debet, et quemlibet obligare, ac si expresse in id consensisset, contra facientes ad arbitrium Consilij Facultatis mulctentur, eaque mulcta fisco Facultatis addatur.

Emolumenta autem haec habeant, ut praeter Immunitates communes cum reliquis Universitatis membris in Promotionibus Licentiandorum vel Doctorandorum Decanus, ut praemittitur, duos habeat florenos, reliqua pecunia, quam promovendi numerare debeant, singuli Professores inter se aequales accipiant partes.

V.

De Praelectionibus Medicis.

Professores ad minimum sunt duo, alter Theoricam, practicam alter profiteatur, ita ut in triennio quoque absolvant. Quodsi tertius Chirurgiam accesserit, rem Herbariam, item simplicium aliorum et compositorum medicamentorum cognitionem et praeparationem doceat. Authores habeant Hyppocratem, Galenum, Avicennam, Mesuem Aetium, Aeginetam, et aliorum sequacium doctrinam et methodum, ex Neotericis etiam ea, quae probantur viris doctis, quas subsequenti tempore explicabunt.

Professor Theoriae primo Anno docebit primam primi Avicennae, et libros Galeni de morborum differentijs, Causis et symptomatibus. Secundo anno Galeni artem Medicinalem cum Hyppocratis prognosticis. Tertio anno de pulsibus, Vrinis, ac victus ratione, in quibus explicandis utetur libro, qui Galeno asscribitur de urinis, vel auctuarij scriptis, Hyppocratis libro de victus ratione in morbis acutis, Galeni de alimentorum facultatibus, Avicennae seu tertia primi.

Professor practicae primo anno praemittet generalem methodum curandi, in qua inter caetera aget de venae sectione ac purgatione, deinde explicabit febrium naturam secuturus in hoc posteriore tractatu Avicennam. Secundo anno et tertio morbos particulares enodabit juxta ordinem Rasis in libro nono ad Almansorem vel Galeni in libris de medicamentis secundum loca.

Professor Chirurgiae primo anno aget de tumoribus, sequens Galenum. Secundo anno tractabit materiam ulcerum et Vulnerum, partim Galenum et Hyppocratem, partim Arabes sibi proponens. Tertio vero anno explicabit ex Galeno et Hyppocrate fracturas et luxationes. Cum autem singuli tractatus integrum annum non requirant, in aestate docebit aliquem librum Galeni de simplicium Medicamentorum Facultatibus juncta demonstratione herbarum, Hyberno tempore magis convenienti ostendet Anatomen, docebitque ex Galeno de anatomicis administrationibus, vel de usu partium proposito convenienter.

Quid ex his singulis annis studiosae juventuti praelegendum sit, Professores ferijs Canicularibus die ad hoc constituto deliberabunt ac procurabunt, ut destinatae lectiones catalogo, qui ab omnibus Facultatum Professoribus conscribendus est, inserantur et publice proponantur.

VI.

De Feriatis Diebus.

Publice non doceatur ijs diebus, quibus publice Universi Professores tali munere abstinent, item ijsdem diebus, quibus disputationes publicae solennes habentur, Item quando examina et actus pro gradu Licentiae vel Doctoratus exercentur. Item in vigilia et ipso festo Divi Lucae, Medicae facultatis Patroni, item quando anatomiae, herbarum inspectationes, pharmacopaeorum examina, et visitationes, semper hoc Decano per Pedellum indicante.

VII.
De Auditoribus Medicinae.

Medicinae operam dare volens in Academia Wirtzburgensi adeat Facultatis Medicae Decanum, et petat albo Medicorum se inseri, et juramentum praestet, ad manus Decani.

Ego N. N. juro et promitto, me lubenti et prompto animo legibus et statutis Medicae Facultatis fideliter obtemperaturum, Praeceptores meos omni honore affecturum, Lectiones Doctorum ordinarie legentium diligenter et frequenter auditurum, et ne oberrando et divagando mulctam facultatis incurram, operam me daturum. Sic me Deus adjuvet, et omnes sancti ejus. Admoneatur autem, ut sibi ipsi non desit, alias vel publica Testimonia, vel Promotionis honores difficulter consecuturum.

VIII.
De tempore Completionis pro gradibus in Facultate Medica adipiscendis.

Aspiraturus aliquando ad Licentiae vel Doctoratûs gradum per triennium diligenter audiat lectiones ordinarias, aut se audijsse luculentis Testimonijs probet, et fidem sufficientem faciat, interim Baccalaureatûs gradum suscipiat quasi initium dignitatis adipiscendae, atque hoc quidem de Magistro artium hic vel alibi promoto intelligatur. Alij vero Philosophiae gradibus non exornati ad quinque annorum spatium continuandarum Lectionum medicarum obligantur, vel ad minimum quatuor, si super hoc rigore justis de Causis fuerit à Facultate Medicâ cum aliquo dispensatum, ordinarie etiam bis respondeat publice, et per ferias Caniculares publice repetat extraordinarie materiam aliquam Medicam à Decano assignatam.

IX.
De Exercitijs Medicis.

Disputationes Medicae publicae bis in anno habeantur, in quibus Positiones Medicae à Decano approbatae proponantur. Sin quoque numerus Auditorum duodecimum accedat, fiant singulis septimanis disputationes, quibus singuli medicinae studiosi intersint, argumenta et solutiones attente observent. Huic Exercitio cum Commoditas fert, adjungant Anatomiae administrationes, atque stirpium locis in diversis crescentium, Mineralium, animalium, et hujusmodi inspectiones, Pharmacopoliorum visitationes. Quandoque etiam in Consultationes medicas de infirmis admittantur auditores, ut sic et materia medica, et morbis in individuo occurrentibus ob oculos positis in eorum certiorem cognitionem et expeditiorem curationem introducantur.

X.
De Petitione Examinis et Promotionis.

Ad gradum Baccalaureatus, Licentiae vel Doctoratus aspiraturus coram senatu medico per Decanum in id convocato de se Examinando et Promovendo petitionem instituat, ibique cum obstaculo nullo occurrente de completionibus, responsionibus et repetitionibus publicis, fide, moribus, aetate, parentibus habilis et idoneus judicatus fuerit, qui ad periculum Examinis admittatur, de impensis sumptibus, ritibus, consuetudinibus, alijsque ad actum Solennitatemque Promotionis pertinentibus per Decanum commonefiet et informabitur: Sub id Jurabit Examinandus Decano, et Doctoribus de senatu. Ego N. N. Juro et promitto, me honorem et reverentiam condignam Domino Decano, et Doctoribus hujus Facultatis Medicae exhibiturum, statuta ejusdem, quantum in me erit, observaturum, et quae secreta tenenda sunt, potissimum circa modum et formam meae Examinationis minime revelaturum, et si contingat me tardari, aut reijci à gradu petito, nunquam ultionem aut vindictam, nec per me, nec per alios directe vel oblique quovis quaesito colore vel ingenio curaturum. Sic me Deus adjuvet et omnes sancti ejus.

XI.
De Solutione Examinandorum pro Fisco et Professoribus.

Examinandus pro Baccalaureatûs gradu sex florenos, pro Licentiae vero, priusquam ad ea, quae sequuntur, tentamina, item Puncta recitanda, et ad Examen rigidum admittatur, numerare teneatur Facultatis Decano florenos viginti sex, de quibus duo Facultatis fisco, duo vero, ipsi Decano, reliqui inter omnes Professores Examini per omnia praesentes erunt distribuendi, Ubi Decanus, si sit Professor, denuo est inter eos computandus.

XII.
De Tentaminibus, Punctis, et Examine rigido Licentiandorum.

Factis omnibus, ut praemissum est, Decanus petenti Examinando tempus assignabit ad Baccalaureatum, quo Professores convenientes interrogando Examinandum, et cum eo disputando per horas duas experiantur quantum tam in Theorica quam Practica Medicina profecerit. Deinde sequenti triduo, qui hoc facere volent, Doctores etiam in domibus suis privatim sufficientem in arte Medicâ progressum ejus explorare poterunt. Postmodum ubi Professores ijdem ad hoc convocati, collatis votis idoneum eum invenerint, et pronuntiarint, qui Domino Cancellario Universitatis pro licentia ad examinandum praesentetur, id cum reverentia primo quoque tempore fiat. Praesentatione igitur alijsque consuetis pro more factis, sequenti Die in aurora, sacro audito de spiritu sancto, clausis libris Medicis, ex quibus lectiones publicae fieri consueverunt, ac rursus apertis citra fraudem assignabuntur, Examinanda duo Puncta, ex consensu majore Professorum, quae idem postridie mane in loco Examinis eadem hora recitat. Et tunc rigido et exquisite examinabitur tam in punctis illis, quam casibus alijs de Praxi Medica proponendis; Quod si in responsionibus, solutionibus, et casuum definitionibus ita laudabiliter se gesserit, ut ab omnibus Doctoribus, Examinatoribus, vel majori eorum parte ad licentiam petendam admissus fuerit — qua de re ipso absente vota colligentur — admissio ei denominabitur, Actui deinde publica dies constituetur, in quo per Cancellarium Universitatis Licentiatus forma ac ritu consuetis renuntietur, praevia tamen fidei Professione et juramento subsequenti: Ego N. N. Juro et promitto, quod Decanum et seniores Doctores, et licentiatos condigno honore et reverentiâ prosequar, item quoad Privilegia, statuta, libertates ordinationis Facultatis meae factas, et rationabiliter faciendas et consuetudines laudabiles servabo, quantum potero et novero, Itidem pro ipsis defendendis stabo et laborabo, ad quemcunque statum devenero, item quod Facultatis meae bonum procurabo, ipsumque de damnis, si quae imminere percepero, praemonebo et tuebor. Item quod inter Doctores et Licentiatos pacem et Concordiam, quantum in me erit, servabo, nec cuiquam detraham publice vel occulte, et quod secreta Facultatis meae non revelabo; Item quod Licentiae gradum in alia Universitate in hac Facultate non resumam, nec insignia Doctoratus alibi recipiam: Sic me Deus adjuvet et omnes sancti ejus. Quod juramentum et Baccalaurei praestabunt exceptis duabus posterioribus Clausulis, de non revelandis secretis, nec reiterandâ Promotione.

XIII.
De Doctorandis et Eorum Juramento.

Doctorandi forma à pedello praelegenda haec sit: Domine Licentiate antequam Cathedram Doctoralem ascendas jurabis: Primo, quod Decano et senioribus de facultate medicâ debitam reverentiam exhibere velis, Secundo, quod Privilegia et statuta, libertates et ordinationes Universitatis Facultatis Medicae factas et rationabiliter faciendas, et Consuetudines laudabiles observabis, et pro ipsis defendendis laborabis et Commoda procurabis quantum poteris et noveris, ad quemcunque statum deveneris. Tertio, quod secreta celanda non revelare velis, sine Dolo et fraude. Tunc si Doctorandus apicem sceptri digitis attigerit, approbasse censebitur; Ita in Cathedram Doctoralem admissus non incipiat legere antequam novo habitu Doctorali, alijsque Doctoratus insignibus solemniter sit Exornatus: Insignia haec tradentur Epitogium Cocurulei coloris, ac Piretum purpurei coloris, annulus ab ipso Promovendo subministrandus et liber, deinde osculum, ac postremo verba solemnia Promotionis cum benedictione subjungenda.

XIV.
De Exteris et alibi promotis recipiendis, et Locatione.

Nullus aliunde adveniens Licentiatus, vel Doctor medecinae ad facultatem Medicam admittatur, nisi ante omnia fidem plenam fecerit de gradu suo rite et solenniter acquisito, completione studiorum ac annorum, juxta legem VIII. idque per honestos et fide dignos testes, aut legitima documenta, vel proprio juramento super hoc facto. Deinde priusquam ad gremium Facultatis recipiatur, materiam aliquam medicam à Facultate sibi injunctam publice in scholis primum interpretetur; Hoc cursu absoluto repetitionem seu disputationem super eadem publice instituat, respondente aliquo ex studiosis Medicinae adhibito; Ubi cum dignus judicabitur, Facultati et fisco quatuor florenos Pedelloque unum pro locatione solverit, Professionem fidei juxta Concilium Tridentinum fecerit, et juramentum praestiterit corporale juxta praelectionem Pedelli, ut Doctorandi solent praestare, ac sceptri amictum, tunc in Facultate recipiatur et ejusdem privilegijs pariter cum reliquis de Collegio gaudeat et fruatur. Locatio autem Doctorum et Licentiatorum ita sit, Ut singuli in nostra Universitate Wirtzburgensi promoti secundum tempus recepti gradus sui locentur, tam in publicis, quam in privatis actibus et Conventibus. Doctores vero et Licentiati in alijs Universitatibus promoti locentur secundum tempus receptionis, quo ad Facultatem nostram assumpti sunt.

XV.
De Salario Pedelli.

Doctorandi solvant Pedello tres florenos, Licentiandi vero singuli duos, Baccalaurei unum, extra ea, quae in singulis disputationibus ordinarijs accipiet. Ab auditoribus autem publicis pro annuo honorario tantum habebit, quantum à Facultate Medicâ tum in his, tum in alijs decretum fuerit.

XVI.
De Dispensationibus circa Statuta.

Doctores de senatu Facultatis Medicae cum Decano pro quolibet tempore existente potestatem sibi reservarunt, in omnibus his statutis, praemissisque singulis legibus et Constitutionibus cum quocunque dispensare, prout vel omnibus, vel majori ex eis parti expedire visum fuerit, et quotiescunque voluerint, tam respectu temporum, quam qualitatum pecuniarum etiam et responsionum. Quia vero mutatione temporum leges vel abrogandae vel mutandae occurrunt reservavit sibi Medica Facultas hanc quoque potestatem, ut, si contingat in posterum usu venire, quod praedictorum statutorum quaedam corrigenda, moderanda, aut mutanda sint, idipsum accedente consensu Reverendissimi ac illustrissimi Principis ac Domini Fundatoris, suaeque R. C. successorum ac aliarum Facultatum, quatenus earum interest, aut interesse potest, fieri queat.

Epilogus.

Et haec sunt fere Statuta et Leges Medicae Facultatis in Academiâ Wirtzburgensi, in quibus condendis tum dignitas artis Medicae, tum ejusdem studiosorum utilitas Praecipue spectata est.

Itaque ijs parere justum et aequum erit, negligere autem et refragari piaculi instar.

Beilage 2.

A. Aeltester noch erhaltener Lectionscatalog aus dem Jahre 1604.

Index

librorum quos hoc anno domini MDCIV in academia wirceburgensi professores quatuor facultatum docebunt.

In theologia
per tertium curriculi annum.
Hora septima.
Tossanus Masionus è societate Jesu, S. Theologiae Doctor ex tertia parte S. Thomae qq. de Sacramentis, de baptis. confir. et Eucharist.
Hora octava.
Petrus Roestius Societatis Jesu S. Theologiae Doctor ex prima secundae. D. Thomae 9. 17 et sqq.
Hora prima pomeridian.
Christophorus Marianus Ecclesiae S. Joh. in Novomonast. Can. S. Theologiae D. ex Theologia morali casus conscientiae, qui contingunt circa praecepta decalogi.
Hora secunda.
Johannes Pernotus, Societatis Jesu. S. Theologiae Doctor hebraicam Grammaticam Roberti Bellarmini, nec non psalterium davidicum.

In jurisprudentia
per secundum curriculi annum.
Hora septima.
Johannes à Driesch Juris Canonici Doctor et Professor explicabit librum 2 decretalium.
Hora octava.
Petrus Elogius à Demrath J. U. D. et Professor ordinarius lib. 5 ff. t. de judicijs et sqq.

Hora nona.
Nicolaus Pfooh J. U. Doctor et Professor ordinarius institutiones imperatoris Justinia.
Hora prima post meridiem.
Decanus eiusdem facultatis juridicae ff. tit. de Novi operis nunciat. et sqq.
Hora secunda.
Petrus Gilkons J. U. D. et Professor publicus, librum 4 et 5 Codicis.

In Medicina
per tert. et ult. curriculi annum.
Hora octava.
Hermannus Birkman Medicinae Doctor et Professor libros 3. prognost. Hippocratis.
Hora nona.
Joannes Stengelius Medicinae Doctor et eiusdem facultatis pro tempore Decanus morbos particulares à pectore etc.
Hora prima post merid.
Georgius Leycrus Med. D. et Professor libros Galeni de differentiis et causis morborum et symptomatum.

In philosophia.
Hora octava ante et secunda post meridiem docebuntur.

In metaphysica.
Aristotelis libri 3, de anima et eiusdem Metaphysica a R. P. Petro Hepen.

In physica.

Aristotelis libri Physicorum, de coelo, de ortu et interitu, nec non meteor. a R. P. Jòanne Kesselio.

In logica.

Petri Fonsecae institutiones logicae, Porphyrii isagoge ad Logica Arist. a R. Patre Heinrico Rotthausen.

In ethicis et mathematicis.

Ethica Arist. ad Nicomachum. Euclidis elementa; Clavii Arithmetica; Joannis de Sacrobosco Sphaera, nec non Geographia Glareani a R. P. Simone Lieb.

In singulis quoque facultatibus erunt disputationes tam publicae, quam privatae studiosorum utilitati inservientes.

Wirceburgi excudebat
Georgius Fleischmann
MDCIV.

B. Medicinische Vorlesungen späterer Jahre, soweit die Cataloge erhalten sind.

Jahr 1605.

Hermannus Birkmann Med. Dr. et Prof. ord., pro tempore Decanus Aphorismos Hyppocratis.

Joannes Stengelius, Med. Dr. et Prof. ord., de Febribus.

Georgius Leyerus, Med. Dr. et Prof. ord., de tumoribus praeter naturam.

Wendelinus Jung, Med. Dr. et Prof. ord., prima primi Avicennae.

1608 (vom Januar an).

Hermannus Birckmann, Med. Dr., Aphorismos Hippocratis.

Joannes Stengelius, Med. Dr. et Decanus, materiam de febribus.

Georgius Leyerus, Med. Dr., De tumoribus praeter naturam.

Wendelinus Jung, Med. Dr., primam primi Avicennae; et per aestatem rem herbarium.

1608 (vom November an).

Hermannus Birckmann, Med. Dr., Prof. ord. et Decanus, Libros quatuor Hippocratis de Victus ratione.

Joannes Stengelius, Med. Dr. et Prof. ord., Morbos particulares a Capite etc.

Georgius Leyerus, Med. Dr. et Prof. ord., Materiam de vulneribus et ulceribus.

Wendelinus Jung, Med. Dr. et Prof. ord., Materiam de compositione medicamentorum, et rem herbariam per aestatem.

1646/47.

Guolfgangus Upilio, Phil., Chir. et Med. Dr. ac Prof. ord., nec non p. t. Decanus, Libr. I Galeni de Medicamentis localibus: De cutaneis capitis vitiis.
Balthasar Mertz, Phil. et Med. Dr. ac Prof. ord., Libros de Pulsibus, crisibus et methodo medendi Galeni.

1651.

Guolfgangus Upilio, Phil., Chir. ac Med. Dr., eiusdemque Facultatis Prof. ord., nec non pro tempore Decanus; de Morbis Oris et Colli.
Michael Wagner, Phil. et Med. Dr. ac Prof. ord., Comment. in sect. 7 Aphorismorum Hippocratis.

1664/65.

Guolfgangus Upilio, Phil. ac Med. Dr. ac Prof. ord., Tractatus de Natura Humana.
Michael Wagner, Phil. ac Med. Dr., Practicarum lectionum Prof. ord., necnon fac. Med. p. t. Decanus, continuabit Methodum medendi de affectibus inferioris ventris.
Joannes Adamus Stoer, Phil. ac Med. Dr. ac institut. Prof. ord., absolvet Disquisit. ex Therapeut. de sang. miss. Purgat. et diaphor. et denuo incipit Phisiolog. sive lib. 1 de Rebus sept. Natural.

1665/66.

Guolfgangus Upilio, Phil. et Med. Dr. ac Prof. ord., continuationem tract. de humani corporis natura.
Michael Wagner, Phil. ac Med. Dr., Practicarum lectionum Prof. ord., continuationem in Comment. Aphorism. Hippocratis.
Joannes Adamus Stoer, Phil. ac Med. Dr., institutionum Prof. ord. ac fac. Med. p. t. Decanus, Pathologiam sive lib. 2. Instit. de 3. Rebus p. n. Morbo, causis et symptomatibus.

1667/68.

Guolfgangus Upilio, Phil. ac Med. Dr. et Prof. ord. Practicus. Alhasnen, Hebenhali, Hebensina Sapientissimi Principis Fen. 3. tract. 1. de apostemat.
Michael Wagner, Phil. ac Med. Dr., Practicarum lectionum Prof. ord. ac p. t. Decanus, de morbis Mulierum.
Joannes Adamus Stoer, Dr. Phil. ac Med. ejusdem p., Theorices Prof. ord., continuabit Diatrib. in lib. III Galeni de different. Febr. cum Sympt. anteced. concomitant. et superven.

1669/70.

Guolfgangus Upilio, Phil. ac Med. Dr. et Prof. ord., Practicus, Senior Alhasnen, Hebenhali, Hebensina Sapientissimi Principis Fen. 3 tract. 1 de apostemat. continuationem et alia hanc materiam attingentia.

Joannes Adamus Stoer, Phil. et Med. Dr., eiusdemque Prof. ord., Facultatis p. t. Decanus, Tractabit Disput. et Resolutiones in Eben-Zynae Arabis Canon. L. 3. tractat. 1. Fen. jotam. de Aegritudinibus pulmonum et pectoris.

Jacobus Amling, Phil. ac Med. Dr., eiusdemque Prof. ord., Explicabit libros Aphorismorum Hippocratis.

1680/81.

Jacobus Amling, Phil. et Med. Dr. ac Prof. ord., Senior fac. p. t. Decanus explicabit Praecipuos abdominis morbos.

Franciscus Kleinius, Phil. et Med. Dr. ac Prof. ord., Cursus practici in Patruam methodum concinnati tract. 5 de febribus: Curam modernae pestis secretiorem communicando, demonstrandoque venaesectione etiam quacunque, aeque ac purgatione infectorum mortem promoveri.

Hieronymus Conradus Virdungus ab Hartung, Med. Dr., Prof. ord. et p. t. Fac. Med. Decanus, Publice in Anatomicis Myologiam i. e. musculorum doctrinam declarabit; in Chirurgicis de vulneribus Capitis aget; Perget etiam in Avicennae Cantici seu institutionum Medicarum compendij explicatione, Privatim Collegium petentibus aperiet anatomicum practicum.

1714.

Joannes Bartholomaeus Adamus Beringer, Phil. et Med. Dr. et Prof. ord., ac Senior p. t. Decanus, per hyemem Semi-Centuriam casuum Medicorum selectorum dabit, per aestatem vero Rudimenta Chymiae continuabit.

Damianus Adolphus Dercum, Phil. et Med. Dr., et Prof. ord., explanabit in Institutionibus Semiologiam mensibus hyemalibus, aestivis autem in Chirurgia morbos solutae unitatis in partibus duris ac osseis continuabit.

Joannes Martinus Anastasius Orth, Phil. et Med. Dr., et Prof. ord., per hyemem Myolegiam, Osteologiam cum communibus corporis integumentis explicabit, futuro vero plantarum series prosequetur.

1720/21.

Joannes Bartholomaeus Adamus Beringer, Phil. et Med. Dr., Prof. ord. et Senior, Praxeos Medicae Therapiam generalem et specialem secundum methodum Stahlianam dabit.

Damianus Adolphus Dercum, Phil. et Med. Dr. et Prof. ord., p. t. Decanus, medii Ventris sive Thoracis Anatomiam dabit hyberno tempore, aestivo autem D. Waldschmidii Tabellas explanabit ad Librum Primum Institutionum et Responsiones.

Joannes Martinus Anastasius Orth, Phil. et Med. Dr. et Prof. ord., terminabit Fundamenta ad Medicinam addiscendam et exercendam necessaria, de caetero ad placitum. D. D. auditorum dabit.

Joannes Simon Bauermüller, Phil. et Med. Dr. et Prof., Anthropologiam Medicam pertractabit.

1724/25.

Joannes Bartholomaeus Adamus Beringer, Phil. et Med. Dr., Praxeos Prof. ord. et Senior, Therapiam Specialem omnium corporis humani affectuum, methodo Stahliana, succincte dabit, et Broviarium materiae remediorum penitus absolvet.

Joannes Martinus Anastasius Orth, Phil. et Med. Dr. et Institutionum Prof. ord., Institutiones absolvet secundum mentem R. R. ex post dabit secundum mentem V. V. ad agnoscendam diversitatem.

Joannes Simon Bauermüller, Phil. et Med. Dr., Anatom. et Chirurg. Prof. ord. p. t. Decanus, Hyeme Anatomicis, Aestate vero Chirurgicis Exercitiis operam dabit.

Laurentius Antonius Dereum, Phil. et Med. Dr. et Prof. Botanices ord. perget tradere Herbarum secundum methodum Tournefort: in suas peculiares classes distributarum, signa Characteristica, virtutes, usum in materia pharmaceutica etc. habitis simul earum in horto medico demonstrationibus.

1726/27.

Joannes Bartholomaeus Adamus Beringer, Phil. et Med. Dr., Praxeos Prof. ord. et Senior, Therapiam Specialem omnium corporis humani affectuum, methodo Stahliana, succincte dabit, et penitus absolvet.

Joannes Martinus Anastasius Orth, Phil. et Med. Dr. et Institutionum Prof. ord. p. t. Decanus, Institutiones absolutas objectionibus ac resolutionibus stabiliet.

Joannes Simon Bauermüller, Phil. et Med. Dr., Anatomiae et Chirurgiae Prof. ord., Lectionibus hyemalibus Oeconomiam animalem, Aestivalibus vero Chirurgiam instrumentalem pertractabit.

Laurentius Antonius Dereum, Phil. et Med. Dr. et Prof. Botanices ord., recepta Tournefortii methodo perget applicare plantas secundum suum crescendi modum, tempus, regionem, durationem et usum medicum, habitis simul desuper demonstrationibus.

1728.

Joannes Bartholomaeus Adamus Beringer, Phil. et Med. Dr., Praxeos Prof. ord. et Senior, p. t. Decanus, desideriis D. D. Auditorum satisfacturus, Therapiam generalem iterato, methodo Stahliana dabit. Et penitus absolvet Particularem vero, sive clynicam circa grabatos aegrotantium in magno Hospitali Julianaeo in casibus praesertim ambiguis, rarioribus et intricatis suppeditabit.

Joannes Martinus Anastasius Orth, Phil. et Med. Dr. et Institutionum Prof. ordin. Ea, quae circa materiam Institutionum plures jam per annos traditarum maxime observabilia sunt, nova explicatione, simulque objectionibus ac resolutionibus Physico-Medicis tractabit.

Joannes Simon Bauermüller, Phil. et Med. Dr., Anatom. et Chirurg. Prof. ordinarius, Doctrinam de vero usu Partium, Structurae Anatomicae innixam, Dissertatione inaugurali compendiosa nuper editam, fusius pertractabit.

Laurentius Antonius Dereum, Phil. et Med. Dr., et Prof. Botanices ord., explicabit ac demonstrabit Herbas flore polypetalo rosaceo umbellato, caryophillaceo, liliaceo etc. adjunctis earum virtutibus et usibus Medicis.

1768/69.

Georgius Ludovicus Hueber, Phil. et Med. Dr., Anatomiae et Chirurgiae Prof., Publ. ac Ord., e Cathedra explicabit ex Aphorismis Cl. Boerhavii Tractatum de vulneribus tam in genere, quam in specie talibus, de eorum lethalitate, et depositione forensi, docento, quomodo depositiones forenses coram Judice a Medico docto non minus, quam conscientiose fieri queant, debeantque: Denique etiam de Arte Obstetricali · docebit singula illa, quae Medico Practico desuper sunt scitu necessaria. In Theatro Anatomico autem publice doctrinam habebit de omnium corporis humani partium usu ex recentissimis ac probatissimis Principiis Physico-Mechanicis, singulis Demonstrationibus Anatomico-chirurgicis singulos Discursus ad partem specialiter demonstrandam accommodatos lingua vernacula praemittendo.

Andreas Josephus Rügemer, Phil. et Med. Dr., Institutionum Medicarum Prof. Publ. et ord., explicabit Halleri Physiologiam, adjiciendo ubique ea, quae in hanc rem utilia inveniuntur.

Joannes Petrus Ehlen, Phil. et Med. Dr., Praxeos Prof. Publ. et ord., fac. Med. h. t. Decanus Lectionibus publicis Morbos generales juxta Systema Praxeos Med. Illustr. D. Gorteri pertractabit; privatim vero potentibus explicabit Celeberr. D. Gaubii Institutiones Pathologiae Medicinalis.

Elias Adamus Paplus, Phil. ac Med. Dr., Prof. Botanices Publ. et ord., hac hyeme tradet completam materiam medicam ex triplici naturae regno ad ductum celeberrimi Vogelii; insequente autem tempore vernali et per integram aestatem secundum Sistema Illustris Caroli Linnaei in horto Academico Botanicam publice demonstrabit. Collegia privata ex Physiologia, Pathologia et Botanica D. D. candidatis, ubi voluerint, tradet.

Franciscus Henricus Meinolphus Wilhelm, Phil. Dr., Praxeos et Chemiae Prof. Publ. et ord., diebus Lunae, Martis, Jovis et Veneris in Praxin e Cathedra praeleget Franc. Home principia Medicinae Practicae; ne quid vero huic penso desese videatur, Materiam Medicam, quam brevitatis ergo delibavit cursim celeberrimus Autor morbis in hanc rem generalia tantum adjiciendo, e novissime inventorum penu potissimum depromptam, digestam in formulas et indicationibus accommodatam suggeret, eruditae remediorum simplicitatis ubique memor.

Diebus Mercurii et Sabbati eadem hora commentabitur in Boerhavii Elementa chemiae disciplinam tripartitam dabit. In prima parte Historiam chemiae ad nostra tempora usque explicabit hoc fine, ut Tyro Authorum, qui hic novontur ignorantur, notitiam acquirat. In secunda parte Artis Theoriam per experimenta dabit. In tertia denique parte praxin suscipiet, et ad operandum fida manu ducet. Sic totum opus anniversario labore expediet.

Diebus Sabbati hora secunda pomeridiana usque ad quartam collegium casuale practicum disputatorium dabit. Privatim horis pro aetate anni maxime commodis Physiologiam Halleri, Pathologiam Gaubii, caeteras Institutionum Medicarum partes ad ductum Boerhaavii explanabit.

1772/73.

Joannes Petrus Ehlen, Phil. ac Med. Dr., Praxeos Prof. Publ. et ord., facultatis Medicae hoc anno Decanus, diebus consuetis publice Pathologiam ex Institutionibus Celeberrimi Boerhavii ita praeleget, ut interspersis iis, quae Clarissimus Gaubius in illam commentatus est, vera morborum, causarum, et symptomatum natura, distinctio et habitudo ad se invicem dilucide explanentur, hisque rite praecognitis morborum Diagnosis, Prognosis et medendi ratio non dubia fide stabiliatur.

Elias Adamus Papius, Phil. ac Med. Dr., Botanices Prof. Publ. et Ord., per hyemem ad ductum Celeb. Fasclii tradet Jurisprudentiam; per aestatem autem publice in horto academico Botanicam secundum Systema Celeb. Linnaei demonstrabit, privatim autem perget ad ductum Ill. Halleri physiologiam ejusdem explicare.

Franciscus Henricus Meinolphus Wilhelm, Phil. et Med. Dr., Praxeos et Chemiae, nec non Medicinae Clinicae Prof. Publicus et Ordinarius, diebus Lunae, Martis, Jovis et Veneris in Praxin e Cathedrae praeleget Boerhaavii Aphorismos de cognoscendis et curandis morbis; ne quid vero huic penso deesse videatur, morbos, quos cursim tantum delibavit Author, latius deducet, quos vero in opere suo praetermisit, suo quemque ordine proferet, pertractabit.

In Hospitali Juliaeo Collegium Clinicum auspicabitur, quod singulis diebus hora decima continuabit, ubi in re ipsa versantem non sequi tantum, sed et sub ejus ductu se praxi exercere, Tyronibus Clinicis omnino licebit.

Diebus Mercurii et Sabbati hora nona commentabitur in Boerhaavii Elementa Chemiae. Theoriam Artis ubi expediverit, Praxin in Laboratorio Hospitalis Juliaei suscipiet.

Carolus Casparus Siebold, Phil. et Med. Dr., Anatomiae, Chirurgiae et Artis obstetriciae Professor Publicus et Ordinarius.

I. Per hyemem diebus Lunae, Martis, Jovis et Veneris omnes Anatomiae partes ad ductum Celebb. Virorum Winslow et B. S. Albini in Theatro anatomico publice demonstrabit, earumque usum docebit.

Diebus Mercurii et Saturni privatim Desiderantibus in omnes operationes Chirurgicas secundum modernas methodos praeibit, eosque non minus ad bene operandum, quam ad Sectiones et praeparationes Anatomicas super Cadaveribus manuducet.

II. Per aestatem Chirurgiam reliquam juxta modernorum institutiones publice ex Cathedra explicabit et si tempus per hoc semestre suppetit, ex arte obstetriciali delibabit ad ductum Doctiss. Roederori vel Plenckii omnia illa, quae non tantum Medico, sed etiam Obstetricatori scitu sunt necessaria, simulque opportunam petentibus occasionem faciet eandem artem practice discendi et exercendi.

Diebus Mercurii et Saturni Collegia privata habebit super fasciis et super ossium morbis, pro quorum faciliori captu perutilem ossium morbosorum collectionem exhibebit.

Andreas Adamus Senfft, Phil. et Med. Dr., Institutionum Medicarum Professor Publicus et Ordinarius, publice tradet hoc anno discendi methodum et physiologiam ad ductum Ill. Ludwigii.

Futura aestate privatim leget Pathologiam et Semioticam, et si qui sunt, qui naturam profundius cognoscere ambiunt, iis Mineralogiam propositis ex thesauro suo mineris explanabit, aut physiologiam ad ductum Ill. Halleri exponet.

Ignatius Bartholomaeus Josephus Stang, Phil. et Med. Dr., ejusdemque Professor Publicus, diebus Lunae, Martis, Jovis et Veneris Materiam Medicam historico physicam, tum generalem, tum specialem publice praeleget, ordinem medicamentorum tam simplicium, quam compositorum, indicationibus therapeuticis utilissime accomodatum, et ab eorum partium constitutivarum viribus depromptum, ;ad mentem Cl. Carol. Guilielmi Poerner disponet. Nec minus sub finem, formulas medicinales rite concinnandi, succinctam methodum exponet.

1774/75.

Joannes Petrus Ehlen, Phil. et Med. Dr., Praxeos Prof. Publ. et ord., diebus consuetis hora matutina octava H. D. Gaubii Institutiones Pathologiae Medicinalis publice explanabit.

Elias Adamus Papius, Phil. ac Med. Dr., Botanices Prof. Publ. et ord., per hyemem ad ductum Celeb. Faselii tradet Jurisprudentiam medicam, per aestatem autem publice in horto academico Botanicam secundum Systema celeb. Linnaei demonstrabit, privatim autem ad ductum Ill. Halleri physiologiam explicabit.

Franciscus Henricus Meinolphus Wilhelm, Phil. et Med. Dr., Praxeos et Chemiae, nec non Medicinae clinicae Prof. Publ. et ord. Facultatis Medicae h. t. Decanus, diebus Lunae, Martis, Jovis et Veneris in Praxin e cathedra praeleget Boerhaavii Aphorismos de cognoscendis et curandis morbis; nequid vero huie penso decesse videatur, morbos, quos cursim tantum delibavit Author, latius deducet, quos vero in opere suo praetermisit, suo quemque ordine proferet, pertractabit.

In Hospitali Juliaeo collegium clinicum auspicabitur, quod singulis diebus hora decima continuabit, ubi in ro ipsa versantem non sequi tantum, sed et sub ejus ductu se praxi exercere, Tyronibus Clinicis omnino licebit.

Diebus Mercurii et Sabbathi hora nona commentabitur in Boerhaavii Elementa chemiae. Theoriam Artis ubi expediverit, Praxin in laboratorio Hospitalis Juliaei suscipiet.

Carolus Casparus Siebold, Phil. et Med. Dr., Anatomiae, Chirurgiae et Artis obstetriciae Prof. Publ. et ord.

I. Per hyemem Diebus Lunae, Martis, Jovis et Veneris omnes Anatomiae partes ad ductum Celebb. Virorum Winslow et B. S. Albini in Theatro anatomico publice demonstrabit, earumque usum docebit.

Diebus Mercurii et Saturni privatim Desiderantibus in omnes operationes Chirurgicas secundum modernas methodos praeibit, eosque non minus ad bene operandum, quam ad Sectiones et Praeparationes Anatomicas super Cadaveribus manuducet.

II. Per acutatem chirurgiam reliquam juxta modernorum institutiones publice ex Cathedra explicabit, et si tempus per hoc semestre suppetit ex arte obstetriciali delibabit ad ductum Doctiss. Steinii vel Plenckii omnia illa, quae non tantum Medico, sed etiam obstetricatori scitu sunt necessaria, simulque opportunam petentibus occasionem faciet eandem artem practice discendi et exercendi.

Diebus Mercurii et Saturni Collegia privata habebit super fasciis, et super oculorum sive ossium morbis, pro quorum faciliori captu perutilem ossium morbosorum collectionem exhibebit.

Andreas Adamus Senfft, Phil. et Med. Dr., Insitutionem Medicarum Professor Publicus et Ordinarius, publice tradet hoc anno alteram Physiologiae partem, ad ductum Ill. Ludwigii.

Futura aestate privatim leget Pathologiam et Semioticam et si qui sunt, qui naturam profundius cognoscere ambiunt, iis Mineralogiam propositis ex thesauro suo mineris explanabit, aut physiologiam ad ductum Ill. Halleri desiderantibus exponet.

Ignatius Bartholomaeus Josephus Stang, Phil. et Med. Dr., Materiae medicae Prof. Publ., diebus Lunae, Martis, Jovis, et Veneris Materiam Medicam historico-physicam, tum generalem, tum specialem publice praeleget, ordinem medicamentorum tam simplicum, quam compositorum, indicationibus therapeuticis utilissime accomodatum, et ab eorum partium constitutivarum viribus depromptum, ad mentem Cl. Carol. Guilielmi Poerner disponet. Nec minus sub finem, formulas medicinales rite concinnandi, succinctam methodum exponet.

Beilage 8.

Aelteste medicinische Würzburger Dissertationen.

Ann.	Autor.	Promotor.		Dissertatio.
1594	Paulus Stromair Ingolstadiensis	Adrianus Romanus Prof. ord.	Med.	De humoribus.
1594	Henningus Schonemann Halberstadiensis	Adrianus Romanus Dr. Prof. ord.	Med.	De elementis.
1595	Joannes Birnstil Herbipolensis	Idem.		De semine sanguineoque materno.
1596	Paulus Stromair Ingolstadiensis	Joannes Soangelius Prof. ord.	Med.	De Pleuritide.
1597	Joannes Faber Bambergensis	Adrianus Romanus.		De Febre putrida et pestilentiali.
1598	Melchior Weimarus	Georgius Leyerus, Dr. et Chir. Prof.	Med.	De ulceribus.
1599	Joannes Fuchsius Geynaeus	Adrianus Romanus.		Osteologia humana s. de scheleto.
1600	Joannes Nicolaus Fischer Moguntiacus	Idem.		De totius corporis humani affectibus interioribus.

Ann.	Autor.	Promotor.	Dissertatio.
1601	J. Conr. Burckhardus Rotenburgo-Tuberanus Francus	Adrianus Romanus	De cerebri anatome ejusque administrandi ratione.
1601	Wendelinus Jung	Idem.	De Similium medicamentorum facultatibus
1602	Joannes Farbach Reogershausensis	Idem.	De Salebri olerum usu
1602	Casparus Friedericus Herbipolensis	Idem.	De partibus thoracis earumque convenienti administrandi ratione.
1602	Wolffgangus Rotkirch Bambergensis	Idem,	De divino, quod in morbis inveniri scribit Hippocrates.
1602	Franciscus Lequius Dollanensis Pedemontanus	Idem.	De ulcerum Simplicium methodica curatione.
1603	J. Conr. Burckhardus Rotenburgo-Tuberanus	Idem.	De partibus corporis nutritioni dicatis earumque administrandi ratione.
1620	Michael Bethman Quedlinburgensis	Joannes Effren Med. Dr. et Prof. ord.	De Hydrope.
1627	Arnoldus Streng Bischoffsheimensis adTuberam	Paulus Bollandt, Phil. et Med. Dr. et Prof. ord.	De Pleuritide.
1642	Joannes Hildinerus Werverensis	Wolffgangus Upilio, Phil. et Med. Dr. et Prof. ord.	De Apoplexia.
1642	Phil. Henr. Acker Herbipolensis	Michael Wagner, Phil. et Med. Dr. et Prof. ord.	De morbo gallico.
1648	Joannes Adamus Stoer Herbipolensis	Wolffgangus Upilio, Phil. Med. et Chir. Dr. et Prof.	De Febre maligna.
1651	Joannes Baptista Upilio Hammelburgensis	Idem.	De Phthisi.
1663	Joannes Petrus Zinck Herbipolensis	Michael Wagner, Phil. et Med. Dr., et Facult. lectionum practicarum Prof. ord.	De Colica.
1664	Joannes Georgius Reiss	J. Adamus Stoer, Phil et Med. Dr. et Prof. ord.	De Mania.
1667	Wolffg. Petrus Schütz Herbipolensis	Michael Wagner.	De Podagra.
1675	Joannes Franc. Walch Dinkelspülanus	Jacobus Amling, Phil. et Med. Dr. et Prof. ord. practicus, philomathematicus.	De Pleuritide.
1678	J. Frid. Haack Herbipolensis	Jacobus Amling.	De affectione hypochondriaca.
1679	Franc. Kresser Herbipolensis	Franciscus Klein, Phil. et Med. Dr. et Prof. p. o.	De scorbuto s. septentrionali monstro.
1679	J. Petrus Ernst Herbipolitanus	Hieronymus Conradus Virdung ab Hartung, Phil. et Med. Dr. et Prof.	De Epilepsia.
1680	Franciscus Klein	?	An sanguinis transfusio utilis sit et admittenda (bei Haller Bibl. anat. I. pag. 675).
1682	Stephanus Brion Charmoisensis	Franc. Klein.	De catarrho. (Citirt bei Gassen l. s. c. pag. 248.)
1691	Joannes Werner	Phil. Wilh. Virdung ab Hartung, Phil. et Med Dr., Anatom. et Chir. necnon Botanices Prof. ord.	De Asthmate.
1694	J. B. Gladbach	?	Praxeos medicae idea novissima.
1694	Phil. Ludov. Kirchman Bensheimensis	Phil. Wilh. Virdung ab Hartung.	De colica.

Ann.	Autor.	Promotor.	Dissertatio.
1701	G. Ph. Beringer Herbipolitanus	Joannes Barth. Adam Beringer, Anat. et Botan. Prof.	De phthisi.
1702	J. H. Rudolgast Neostadianus ad Saalam	Phil. Wilh. Virdung ab Hartung, Instit. med. et Chir. Prof.	De apoplexia.
1703	J. R. Burckhard Herbipolitanus	J. B. A. Beringer, Anat. et Botan. Prof.	De haemoptysi.
1706	J. N. Zahn Carolopolitanus	Ph. W. Virdung, Instit et Chir. Prof.	De abscessibus
1707	J. G. Thevinger Lavingianus	J. B. A. Beringer, Anat. et Botan. Prof.	De mania.
1708	J. M. Jos. Simon Herbipolitanus	Ph. W. Virdung, Praxeos Prof.	De morbis a fascino causatis.
1708	J. B. Kuhn	J. B. A. Beringer, Praxeos Prof.	Connubium Galeno-Hippocraticum.
1709	Fr. J. Bechler Augusto-Suevus	Joannes Martinus Athanasius Orth, Anat. et Botan. Prof.	De catarrhis.
1710	J. M. Ernst Carolopolitanus	J. B. A. Beringer, Praxeos Prof.	De conservanda sanitate.
1714	Fr. J. Kremer Herbipolitanus	Idem.	Phasma nocturnum Incubus.
1714	J. H. Wiber Herbipolitanus	Idem.	De variolis et morbillis.
1714	J. B. Schipper Hammelburgensis	Idem.	De peste in genere et de hac epidemica.
1715	L. Ant. Dorcum Herbipolitanus	Damian. Adolph. Dercum Med. Prof.	De vulneribus capitis.
1721	J. S. Orth Herbipolitanus	J. B. A. Beringer, Med. Prof.	Via recta ad vitam sanam.
1722	A. D. Gartenmayer Hamfurtensis	J. M. A. Orth, Med. Prof.	Theses medicae fundamentales.
1722	J. S. Orth	J. M. A. Orth.	Triplex mundi regnum, animale, minerale, vegetabile, publicae contemplationi expositum.
1723	M. S. Schmidt Austriacum, Kremboensis	J. M. A. Orth.	Flora deliciosa.
1726	J. B. Schlereth Eivelstadiensis	Joannes Simon Bauermüller, Anat. et Chir Prof	De usu partium.
1728	J. M. M. Zur Westen Würzburgensis	J. M. A. Orth, Inst. Prof.	Montes Franconiae prae. circa Würzb. in vitibus ac vino nobili uti pretio sic salubri remedio fertilissimae contemplationi exposuit.
1729	J. Val. Scheidler Hilteresmis	J. S. Bauermüller, Med. Prof	De physica Hippocratis
1730	J. Fr. Seiz Oxovius	J. B. A. Beringer, Senior, Med. Prof.	De therapia Hippocratis s. praxi medic. gener. methodo Stahliana.
1731	J. L. Chr. Beringer Bambergensis	J. M. A. Orth, Med. Prof.	De semilogia Hippocratis.
1734	G. M. Bellon Nicrosalmiensis	J. B. A. Beringer, Med. Prof.	Rudimenta mineralurgiae.
1735	J. S. Edleber Herbipolitanus	J. M. A. Orth, Inst. Prof.	De panacea salutari.
1736	J. J. Rossat Wirceburgensis	J. B. A. Beringer, Prax. Prof	Rudimenta chymia. (Disputation).
1737	F. C. Bellmand Oxovius	L. A. Dercum, Med Prof.	Theoria nervorum.

Ann.	Autor.	Promoter.	Dissertatio.
1738	V. J. Grill	J. M. A. Orth, Senior, Instit. Prof.	Facies hominum, animae speculum. (Disputation).
1738	Idem	L. A. Dercum, Botaniae, Chim. et Mat. Med. Prof.	Arcana regni mineralis ex virtutibus auri et antimonii detecta (Promotion).
1738	J. G. Gleis Volcacensis	Georgius Ludovic. Hueber, Anat. et Chir. Prof.	De Myologia.
1739	J. J. Rossat Wirceburgensis	Idem.	De diaeta. (Promotion.)
1740	G. P. Oesterreicher Volcacensis	J. M. A. Orth, Prax. Prof. et Senior	De vitae humanae tempore et aetate.
1741	M. B. Thomas Stockheimensis	G. L. Hueber, Anat. et Chir. Prof.	De causis morborum.
1742	J. B. Ehlen Zeltingen-Mosellanus	Franciscus Josephus Dr. Overcamp, Instit. Prof.	De Sinaruoba.
1742	Fr. C. Stöhr	Joannes Ladov. Christ. Beringer, Med Prof.	Institut. med. Liber primus physiologicus.
1742	Chr. A. A. Jäger Hassfurtensis	Laur. Ant Dercum, Botaniae et Chymiae Prof.	Fundamenta rei herbariae cum tabula.
1743	J. P. Pretscher Wolffmannshusanus	J. M. A. Orth, Prax. Prof.	De hydrope pericardii.
1743	J. A. J. Rügemer Wirceburgensis	Fr. Jos de Overcamp, Instit Prof.	De mutatione esculentorum et potulentorum.
1743	J. G. H. Hoffmann Schönfelda-Schwarzenbergensis	L. A. Dercum, Botan. Prof.	De anatomiae osseae utilitate.
1744	J. G. Gross Oberbiela-Wetteraviensis	G. L. Hueber, Anat. et Chir. Prof.	De margaritis earumque virtute medica.
1744	V. Lurz Wirceburgensis	J. M. A. Orth, Prax. Prof. Senior.	De motu, potu et fota.
1745	G. B. Bobin Ellingensis	G. L. Hueber, Anat. et Chir. Prof.	De Hypochondria.
1745	J. Ph. A. Ch. Petz Schönfelda-Schwarzenbergensis	Fr. J. de Overcamp, Instit. Prof.	De fabrica intestinorum tunulum.
1746	Th. E. J. J. Moers Agrippinensis	Idem.	De variolis.
1747	J. J. A. B. Edleber Wirceburgensis	J. M. A. Orth, Prax. Prof.	De deglutitione.
1748	G. M. Gattenhoff Mannerstadianus	G. L. Hueber, Anat. et Chir. Prof.	De calculo renum et vesicae.
1750	G. B. Illini Oxovius	J. M. A. Orth, Prax. Prof.	De cardialgia.
1751	Ph. J. Val. Dercum Wirceburgensis	L. A. Dercum, Med. Prof. Subsenior.	De rosa.
1752	J. Ignaz Jos. Döllinger Wirceburgensis	Andreas Josephus Rägemer, Instit. Prof.	Effectus irae, medice consideratae.
1753	G. S. Wolpert Aubensis	Joannes Petrus Ehlen, Prax. gener. Prof.	De Catalepsi.
1754	J. M. Stadler Wirceburgensis	A. J. Rägemer, Inst. Prof.	De ferro.
1759	A. G. Hesslinger Oerlocurianus	J. P. Ehlen, Med. Prof.	De febribus.
1764	M. Ad. Weikard Römershagius	Elias Adamus Papius, Botan. Prof.	Diss. disquir., an et in quibus natura sit medicatrix, medicus vero naturae minister?
1768	J. G. Ferrant Bonnensis	G. L. Hueber, Anat. et Chir. Prof., Senior.	Energemata Corticis Peruviani.
1768	A. J. Neubauer Mergentheimensis	E. A. Papius, Bot. Prof.	De febri miliari.
1769	C. C. Siebold Nideggensis	J. P. Ehlen, Med. Prof.	Observ. medico-chirurgicae s. III. Tab.

Beilage 4.

Der erste Oberchirurgus und Director der Anatomie war Loys Syvert, auch Louis Sivert (bei Barth. v. Siebold in seiner Geschichte des chirurgischen Clinicums, Würzb. 1814 heisst derselbe Dr. Siver [u. d. Verbesserungen der Druckfehler]), der aus Paris berufen vom 15. Jan. 1724 an 400 Reichsthaler Besoldung erhielt. Im Parnassus boicus, München 1725 pag. 810 steht unter Würzburg: „Zur Auffnamb des Studii Anatomici und Chirurgici spahret man keine Kosten, und ist ein berühmter Chirurgus auss Paris Mons. Sivert unter einer starken Besoldung dahin beruffen worden, umb die chirurg. Griff geschickt zu zeigen, und die Anatomie, oder Zergliederung dess menschl. Leibs zu lehren, worzu ihm aus dem prächtigen Spitall die Cörper angeschafft werden: wie er dann unlängst an einer in raserey verstorbenen Frauen-Persohn ein Probstuck abgeleget." In der Geschichte der Anatomie ist übrigens Mr. Syvert eine unbekannte Persönlichkeit.

Auf Syvert folgte im Jahre 1726 Johann Michael Glaschke als Oberwundarzt und Demonstrator anatomiae, den Ich in einem Briefe unseres früheren Bibliothekars Prof. Reuss vom 1. September 1860, auf welche Zeugnisse [hin ist mir unbekannt, als Gründer der Anatomie bezeichnet finde. Derselbe Glaschke gab im Jahre 1729 die Uebersetzung einer englischen Meteorologie von William Cock heraus und nennt G. E. Stahl seinen grössten Wohlthäter und Lehrer. Der dritte und letzte Oberchirurg war vom Jahre 1731—1779 Georg Christoph Stang, der Schwiegervater von C. C. v. Siebold.

Beilage 5.

Der die medicinische Facultät betreffende Theil aus den Ordinationes Universitatis Wirceburgensis des Fürstbischoffs Carl Philipp von Greiffenklau von 1749.

Cum res ipsa loquatur, uti aliae scientiae et artes ad formandum rite hominem rationalem maxime conduunt, ita Medicinam ad conservandam non minus generis humani valetudinem, quam ad curandos morbos vitamque in plures annos producendam scitu summopere esse necessariam, curam quoquo Nostram eo intendimus, ut ampla aequo ac maxime salutaris haec scientia in Universitate Nostra sedulo excolatur, rite doceatur, et in debito suo splendore conservetur. Quare

1) Statuimus in ea quinque modo Professores ordinarios, qui Partes Medicinae specialiter sibi assignatas, secundum vera physica, non suspecta, multo minus prohibita

Principia ad Auditorum captum facili et expedita Methodo diebus et horis in catalogo lectionum assignandis in Auditorio publico studeant.

2) Professoris in Theoria officium erit Historiam Medicam, ejus ortum et progressum succincte proponere dein institutiones singulis, quoad fieri potest, annis tradere et absolvere, iisque juxta vera Medicinae dogmatico-mechanicae principia; ex his etiam principijs physicas tum sanitatis tum morborum causas et effectus demonstrare, illisque probe cognitis planam pro solida praxi viam parare. Conveniet quoque pro faciliori corporis humani notione interpolare generalia Anatomiae fundamenta. Quoniam vero

3) Probe novimus, ubique accurata structura corporis humani notitia neque posse actiones vitales et animales, aut ipsam hominis sanitatem docte explicari, neque statum sanitati oppositum, morbi magnitudinem ejusque sedem, et quae sunt hujusmodi, recte judicari, inde decernimus, ut Anatomia a Professore ad id constituto tempore hyemali pro parte sibi scientia theoretice in partes suas distincta doceatur; in Theatro etiam Anatomico ad hoc debite adoptato ac omnigeno instrumentorum apparatu sufficiente instructo demonstrationes Anatomiae alternis diebus publice pro more habeantur; cadavera reorum vel in Nosocomijs defunctorum, aut etiam belluina et insecta per operatorem Nostrum sive prosectorem artificiose dissecentur, artefacta cadaverum sceleta, et mediantibus cereis varij coloris injectionibus praeparata vasa ac viscera distincte exponantur, ut exin figurae et situs vasorum, musculorum, ossium et viscerum, omniumque horum usus et connexiones exacte innotescant. In aestate vero et mensibus calidioribus idem Professor chirurgiam docere pergat, ita tamen, ut elementa chirurgiae Medicae praemitti, tum affectus chirurgici explicari, ut ubi de vulneribus agitur, opera potissimum debeat impendi, in dilucidandis iis omnibus, quae concernunt vulnerum lethalitatem, infanticidia, homicidia specialiter quoque interpositis Questionibus Medico-legalibus suggerantur cautelae, monita, et formulae, qua nimirum ratione recte et salva conscientia depositiones forenses concipiendae, quaeve prudentia Medica hic veniat adhibenda. Cum autem

4) Non sufficiat, ab ore Professoris Chirurgiae solummodo praecepta hausisse, sed et manuum applicatione artem illam exerceri oporteat, monemus serio, ut denominatus a Nobis operator praeter sectiones sub directione Professoris de hyeme instituendas, munus quoque suum praestet in perficiendis debite quot annis omnibus et singulis operationibus chirurgicis; imo si qui Candidatorum ad artem obstetriciam, vulgo accouchement afficiantur, pro modico honorario necessarias eisdem encheiriscs atque promptam parturientibus ferendi opem fideliter exhibeat. Pariter

5) Statuimus, ut cum studij Botanici non jucundi minus quam Medicis et Pharmacopaeis perutilis singularis ratio et cura habenda sit, fundamenta Botaniae juxta modernorum probatissimorum Authorum systemata a Professore ad id studium deputato, et diu jam multumque laudabiliter versato publice et assidue tradantur plantarum genuina Nomina, indicentur earum species et differentiae, signa characteristica, patria, florendi tempus, duratio et usus Medicus, interposita subin quoad illorum praeparationem chymica tractatione ostendantur. Oportebit etiam Professorem Botanices objectiones praecipuas exercitij loco et per modum disputationum menstruarum obmovere, argumenta

proposita in Auditorum commodum resolvere, illaque vel in scriptis vel e probato Authore tradere omnia, quae valeant studium hoc promovere. Ordinamus insuper, ut tempore verno et circa Medium Maji initium detur demonstrationibus Botanicis in horto Nostro Julianeo stirpibus omnis generis praesertim exoticis locupletissimo. Eaedem ad finem usque Augusti continuentur, ut non tantum rariores, peregrinas, Nostrates et usuales plantas flores ac fructus perlustrare, sed ex oculari inspectione plantarum et florum characteres, figuras, et virtutes pro usu Medico Candidati possint dignoscere. Insuper

6) ut Auditores Medicinae in praxi ad communo bonum utiliter exerceantur, et data sibi praecepta cum tempore recte atque ordine noverint applicare, oneramus Professoris praxeos conscientiam, ut certam et probatam medendi methodum in genere et specie publice docere, dogmata practica rationibus, Historijs et Casibus Authorum selectis pro meliori morborum symptomatumque occurrentium notitia illustrare; sententiasque circa morbos curandos diversas et plus minusve contrarias studeat declarare; quibus volumus, ut proprias etiam observationes ac documenta diuturno annorum cursu et experientia notata, una cum necessariis cautelis practicis non incongrue subnectat; remedia etiam pro quolibet morbo specifica et usu probata, eorumque praeparandi modum et dosin fideliter ostendat, et illud maximo opportunum erit, si studiosi Medicinae a Professore ad praescribendas bene et rite formulas remediorum manuducantur, omniaque et singula, quae ad officium praxeos cito, tuto et utiliter peragendae spectant, clare et perspicue exponantur. Et ne

7) Aliquid ad solidam praxin desiderari possit annuimus, imo meliori modo commendamus, ut Professores junioribus Medicis ad Hospitalia, Nosocomia, Leprosaria viam sternant eosdem secum deducant, aut etiam cum suo praescitu et directione ad alios aegrotos visitandos mittant ab iisque in morbos eorumque curationem faciant inquiri. Praeterea

8) Cum rationalis et experimentalis Chymia usui Medico non obsit modo, sed plurimum etiam prosit, nullatenus eam prohibemus, mandantes potius, ut a Professore specialiter designato ea methodo et ordine doceatur, qui et publico et privato discentium commodo possit inservire unde quoque in Julianeo Nostro Hospitali latissimum aperimus campum, sese in chymicis operationibus exercendi; concedimus, ut Professor studiosos Medicinae quandoque et ad minimum semel in hebdomade ad unum alterumve pharmacopolium comitetur, ljsdem simplicia acque ac praeparata et chymica omnia, quae in officinis prostant, explicet; experimenta etiam atque elaborationes chymicas fructuose instituat; et hac ratione firmarum et fluidarum corporis humani partium aliorumque mixtorum elementa facile eruentur, cognoscentur eorum vires et effectus, principia demum dogmatico-mechanica et veritates physicae confirmabuntur.

9) ut, quae alias in Fridericiana constitutione quoad facultatem hanc statuta sunt, sancte serventur, volumus omnia et singula Pharmacopaeos, Provisores, chyrurgos, vel etiam Candidatos, Collegia, gradum concernentia Nostrae huic ordinationi inserta, et de novo confirmata.

Beilage 6.

Beschreibung der Anatomie nach Scheidler
(Idea studii medici etc. pg. 10—14).

„Quem in finem Theatrum Anatomicum, non in cella aut crypta, more Veterum, subterranea, sed plena in luce, eleganti forma et opere erectum est. In medio Horti Botanici praealta, nec exigua mole assurgit Domus, sub triplici tecto et fornice in totidem Cameras divisa, ex solido lapide ad Architectonicae hodiernae regulas magnifice exstructa, Regiam Florae et Charitum diceres, vel Imperitus nonnemo et subtimidus, ubi ossea cadaverum reliquiae ritus conspexerit, Parcarum et Proserpinae domicilium.

Portarum media, Aulam ingredientibus peramplam aperit, compositis ex ficto marmore columnis ex omni latere sustentatam, nemorum, fontium, ventorumquo Geniis et Encarpis, tum pictoriae, tum gypso-plasticae Artis industria undique exornatum. Hic Pegma sublime eminet, excipiendis, quae Anatomico examini subjicientur, cadaveribus accomodum: disposita in Circum gradatim assurgunt subsellia eruditae Spectatorum curiositati opportuna, nihilque praetermissum, quod vel ad munditiem vel decorem, imo ad pompam avidus discendi et sciendi oculus posset desiderare, adeo, ut Squallidi et in secandis, excoriandis, exenterandis dividendis, inspiciendis humanis corporibus nauseabundi laboris ac Spectaculi horrorem, ipse loci Situs et Amoenitas temperet et abstergat.

Ibi igitur continuis per hyemem Mensibus, et praefixis in hebdomade dierum et horarum intervallis, in subjectis, quae nunquam deficiunt, rite praeparatis singulae Anatomiae partes, Myologia, Angiologia, Neurologia, Splanchnologia; inter Aestivales vero Calores Osteologia in Sceletis hunc ad finem nitore eburneo perpolitis, singulorum ossium Nomenclatura (quod et de nervis, venis, glandulis, musculis, cuticulis, aliisque ad compagem totius corporis spectantibus dictum volo) conjunctio, forma, usus, munia ostenduntur. Neque in ossibus haeret et sistitur Industrius Anatomiae Labor. Novum idque pretiosum vicina Theatro Anatomico Camera spectaculum objicit, Corpora nimirum, salva carnium, venarum totiusque Compagis integritate conservata, Aegyptiorum Mumiis aemula.

In his venae, arteriae, aliaque vasa variorum distincti coloris liquorum infusione oppleta, quae venarum et arteriarum, per molem corporis expansarum ramos, gyros et flexus ad truncum usque, unde processerunt, sanguinis quoque circuitum, totiusque humani corporis, liquido hoc elemento, quod in stomacho excoqui ceptum est, sustentationem palam commonstrant. Quae omnia sequenti Ratione peraguntur. Praemissa singulis Demonstrationibus a Chirurgiae et Anatomiae Professore de praesentis operationis argumento ad circumstantium et assidentium coronam Oratione, Demonstrationem ipsam Primarius Hospitalis Julianaei Chirurgus et Anatomiae Praeses aggreditur, incidentibus, si quae moveantur, dubiis et interrogationibus respondet, cumque praestitutum in illum diem opus finierit, actum ipsum absolvit. Huc quoque accedunt ea, quae vulnera, laesiones, ulcera, fistulas, fractiones, contusiones, dislocationes partium concernunt, quorum et similium medendi artem in Collegiis Academicis Chirurgiae Professor edocet; laudatus vero Chirurgus Primarius Fascias [Chirurgicas praeparandi, conficiendi, aptandi, ob et circumligandi artificiosam et optimam ex pluribus methodum non oretenus solum explicat, sed adhibita etiam manu in praxi ostendit."